Lo Que los Editores Dicen de "Chiquita's cocoon"

"Impresionante. Sumamente recomendado. La plática sincera y los consejos prácticos caracterizan esta guía impresionante de ayuda propia para la mujer latina."

—*Booklist,* Asociación de Bibliotecas Americanas

" 'Chiquita's cocoon' tiene algo para todo el mundo . . . un libro que le está dando conocimiento a las latinas en todo el país."

—*Los Angeles Times*

"Flores ha creado un manual audáz y a la vez burbujeante para ayudar a las latinas . . . a desarrollarse como mujeres libres, eficaces, seguras de sí mismas, enteradas y felices."

—*Sacramento Bee*

" 'Chiquita's cocoon' es el 'capullo' de todas las mujeres. . . . El mensaje que el libro nos da cruza todas las líneas culturales y económicas."

—*The Fresno Women's Network Newsletter*

"Bettina Flores . . . una mujer con una misión."

—*El Paisano Daily,* Colegio Río Hondo

"El libro, de doce sencillos capítulos, contiene un mensaje importante para las latinas."

—*La Opinión*

"Un libro clásico. La valiente autora Bettina Flores está suavemente despertando a la sociedad con su primer libro, 'Chiquita's cocoon.' "

—*Napa County Record*

Lo Que Se Dice de "Chiquita's cocoon"

"¡Intenso! Un libro que cambia la vida."
—RUTH BARRIOS, Sacramento, Cal.

"¡Caramba! Nunca miré mi vida de esta manera."
—RACHEL ALVAREZ, Fort Dix, N.J.

"Si estás cansada de vivir en el mundo de 'lo que José quiere, José obtiene,' lee 'Chiquita's cocoon.'"
—ROSA FLORES, Fresno, Cal.

"Cualquiera que viva su vida controlada por las tradiciones culturales anticuadas (porque la familia, los parientes, los amigos, la iglesia y la sociedad dicen que tiene que hacerlo) necesita este libro."
—OLIVIA SÁNCHEZ, Los Angeles, Cal.

"Ya era hora."
—BEATRIZ LEWIS DÍAZ, El Paso, Tex.

"Yo cargo mi Biblia en una mano y 'Chiquita's cocoon' en la otra."
—LAURA ETEGORIAN, Hanford, Cal.

Lo Que Dicen los Educadores de "Chiquita's cocoon"

" 'Chiquita's cocoon' contribuye enormemente al amor propio de las latinas."
—HOWARD HOMLER, M.D., Director
Health Education Network, Sacramento, Cal.

"¡Ya era hora de que se hablara claro! ¡Bravo! Estoy tan entusiasmada con el libro que lo pienso usar con mis estudiantes de ESL [inglés como segundo idioma]."
—TERE TIBBETTS, Maestra,
So. Lake Tahoe, Cal.

"El libro tiene la capacidad de revolucionar la manera de pensar de muchachas jóvenes dentro y fuera de la comunidad latina. (Será) usado como parte de la lectura requerida de la facultad consejera e internos . . . en los servicios de consejos de la universidad."
—DR. RALPH DAWSON, Coordinador del Servicio de Consejos,
California State University, Los Angeles, Cal.

"Usamos el libro 'Chiquita's cocoon' en nuestra clase de inglés 1A. La perpestiva de este libro toca a hombres y mujeres de cualquier cultura. Estamos muy entusiasmados con la reacción de las alumnas y con sus nuevos conocimientos propios."
—SALLIE BROWN, Profesora de Inglés,
El Camino Community College, Torrance, Cal.

" 'Chiquita's cocoon' ha sido adoptado como texto en la clase de antropología 354—La familia vista desde una perpestiva de diferentes culturas."
—MONICA UDVARDY, Instructora,
Departamento de Antropología,
University of Kentucky

"Aunque tengo educación, me abrió los ojos porque los obstaculos culturales a un nivel personal y profesional todavía vuelven a aparecer para rondaria a uno."
—Julie Chavez Bayles, Maestra,
Montebello High School, Montebello, Cal.

Lo Que Dicen las Femenistas de "Chiquita's cocoon"

"¡'Chiquita's cocoon' viene suscitando un diálago entre las mujeres latinas como nunca se ha visto! Muchas se han senitido inspiradas para deshacerse de las ataduras de la cultura sin dejar su fuerza y belleza. ¡Espero que el diálogo nunca termine!"

—Carlotta DeLeón Curti
Directora del Harvest Project, Red de Equidad del Estado de California

Chiquita's cocoon

Bettina R. Flores

Chiquita's cocoon

*Una guía para la mujer latina para lograr
autoridad, amor, dinero, posición y felicidad*

Villard Books
New York
1994

Grateful acknowledgment is made to the following for permission to reprint previously
published material:
GREENWOOD PRESS: Excerpt from *Dictionary of Mexican-American History* by Matt S.
Meier and Feliciano Rivera (pp. 86–88). Copyright © 1981 by Matt S. Meier and
Feliciano Rivera. Reprinted by permission.
ELISA A. MARTINEZ: "Having the Choice of Who to Be" by Elisa A. Martinez. Reprinted
by permission of the author.

Library of Congress Cataloging-in-Publication Data
Flores, Bettina.
[Chiquita's cocoon. Spanish]
Chiquita's cocoon / por Bettina R. Flores.
p. cm.
Includes bibliographical references.
ISBN 0-679-75073-8
1. Feminism—United States. 2. Hispanic American women.
3. Mexican American women. 4. Self-actualization (Psychology)
I. Title.
[HQ1421.F5818 1994]
305.48'86872—dc20   93-26524

Manufactured in the United States of America on acid-free paper
9 8 7 6 5 4 3 2

First Edition

A Alfredo, mi esposo, mi amor y compañero de mi vida.

A Ruth, mi hermana, quien me apoyó desde la primera página del primer borrador hasta la última página del libro terminado.

Y en memoria de Josie Coronado, nuestra querida hermana.

Prefacio

Después de Todo, Es un Mundo Pequeño

"Chiquita's cocoon" es el capullo de *todas las mujeres.* Una mujer en California lo relató así al escribir sobre este libro. Yo, una autora y editora latina, no me di cuenta hasta que ya había vendido casi 20,000 copias de "Chiquita's cocoon" dondequiera que fuese—en fiestas de bebés como en convenciones literarias.

Pero cada semana, me llegaban (y todavía me llegan) cartas y llamadas telefónicas de lectores de todas partes diciéndome, "Soy blanca, y no latina, pero su libro cuenta mi historia." "Soy asiática; he vivido cada momento de su historia." "Soy cubana y, hombre, como me veo." "Soy puertorriqueña, pero tu mamá es igualita a la mía. Sabes, Bettina, las mujeres africanas-americanas también sufren opresión cultural." Las mujeres judías también llevan el mismo ritmo.

Después hablé en una conferencia nacional para la desegregación de escuelas, donde muchos grupos étnicos estaban representados. Después de mi discurso, el maestro de ceremonias observó entusiasmadamente, "Aquí está la clave, gente. Cuando ustedes lean 'Chiquita's cocoon' reemplacen la palabra *latina* con su identidad propia. Créanme, ¡todos podemos identificarnos!" Ese día, oí uno tras otro cuento de capullos de no-latinas. (Un "cuento de capullo" es uno que relata el escape de una persona de los confines sofocantes de su capullo cultural.)

Es tan cierto—la opresión cultural es universal, sobre todo cuando se trata de las mujeres.

El tema de opresión cultural es delicado y mucha gente todavía no está preparada para oirlo o enfrentárselo. Yo comprendo ésto. Un mecanismo de defensa personal, llamado negación, surge cuando la realidad nos causa dolor. Así es que les estoy ofreciendo este debate corto con mucho sentimiento y respeto hacia la diversidad cultural. Tengan presente, que las razones por las cuales actuamos "culturalmente" son muy complejas y este libro es muy pequeño. Por otra parte, no hay nada que nuestras mentes no puedan asimilar cuando de verdad lo queremos.

Yo me siento honrada y excitada de que "Chiquita's cocoon" esté tocando las mentes y corazones de mujeres (y hombres) de tantas culturas diferentes. Con todo lo que todavía tenemos que lograr para las mujeres, debemos de tener cuidado de no sancionar demasiada separación. También es importante realizar que la cultura no es un fenómeno estático; en realidad cambia con cada generación. Todos los inmigrantes que vienen en los Estados Unidos dan a luz a los americanos nuevos, y estos americanos étnicos entonces aprovechan la ocasión para mezclar con otros grupos étnicos. Ojalá que en la nueva mezcla cultural retengamos los buenos aspectos de nuestras culturas individuales, y que rechazemos los malos, fuera de moda y opresivos—especialmente los que afectan a la mujer.

Prefacio

Todos tenemos nuestros cuentos de dolor y promesas. Todavía tiemblo cuando veo cuadros de los conquistadores españoles que violaron al México antiguo. Estoy segura que los cubanos-americanos tienen mucho que decir acerca de la revolución cubana, de Castro y Batista y de la invasión de la Bahía de Cochinos. Los puertorriqueños-americanos tienen sus impresiones sobre la existencia y reconocimiento de su isla como estado y sus sentimientos sobre la integración cultural con los Estados Unidos. Muchos japoneses-americanos se sintieron profundamente heridos cuando los encarcelaron después del ataque a Pearl Harbor. La causa por la cual luchó Martin Luther King nunca será olvidada, ni tampoco el holocausto o cualquier otra crisis devastadora en la cual los derechos humanos son pisados. Llevo luto por la pérdida del líder de los trabajadores de campo más magnífico de este siglo, César Chávez, quien dedicó su vida al bienestar de los trabajadores migratorios en todo el mundo.

Naturalmente, nuestras actitudes, intereses y creencias son diferentes porque somos diferentes. Sin embargo, porque no podemos ni debemos vivir en el pasado, cada uno de nosotros tiene que comprender su antecedente cultural para entender lo profundamente que afecta nuestras vidas. *Cada mujer* debe de aprender como ella ha sido socializada para poder decidir si ella quiere seguir por el mismo camino que su madre o abuelas siguieron o si quiere cambiar ahora. Hoy, la mujer, surgiendo de la mezcla americana étnica tiene la oportunidad de definir las nuevas direcciones culturales de una humanidad que antes había sido dominada por los hombres. Claro, esto solamente puede ser realizado cuando las mujeres tengan mas conciencia y valor para detener a los cometedores de la opresión cultural, así sean hombres o mujeres en sus familias, trabajos o conocimientos sociales.

Todos tenemos orgullo étnico. Esto se refleja en nuestro idioma, nuestra música, arte, folklore y comidas y muy amenudo en la lealtad profunda de religiones específicas. Celebramos días festivos con ciertas costumbres y tradiciones que pasamos a nuestros hijos. El orgullo étnico sin duda es beneficial porque aumenta la confianza en si mismo, y teniendo las culturas diversas claro crea un mundo mas interesante y gozoso en que vivir.

También tenemos nuestros vecindarios judíos, nuestros barrios, nuestros Harlems latinos, nuestra pequeña Habana, nuestros pueblos chinos, nuestros ghettos y "westside stories." Normalmente oímos, "Soy del sur." "Me crié en el medio oeste." "Soy tejana." "California es el único sitio para vivir." Y, muchas generaciones, desde el *Mayflower* a la frontera mexicana, todavía consideran sagradas las leyendas de sus viajes a los Estados Unidos y las dificultades que pasaron "al principio."

Las culturas también tienen una estructura gubernamental o un sistema social definido. Básicamente, cuando el padre u otro hombre gobierna a la familia se le llama un patriarcado; cuando es la mujer la que gobierna la casa, es un matriarcado. En el mundo, la mayoría de las culturas mundiales son patriarcados con hombres teniendo poder significante, si no total, sobre los miembros de la comunidad, así sea la familia o la sociedad en general. (Sólo tenemos que mirar a nuestro alrededor para saber quien manda.)

Las mujeres, naturalmente han sido educadas y acondicionadas a apoyar el poder y la posición de sus hombres. Y, damas, si vamos a ser francas con nosotras mismas, admitiríamos que somos las parideras de más de lo mismo. La autoridad del macho (machismo) que está difundida en nuestras culturas oprime, desde un punto de vista histórico y habitual los derechos de las mujeres. Así que, cuando hablamos de la opresión cultural de la mujer y el tema del machismo, el entendimiento es casi igual aún en grupos de culturas diversas. Así es como "Chiquita's cocoon" se convierte en el capullo de todas las mujeres.

Muchas mujeres me han dicho que se identifican con "Chiquita's cocoon" porque está escrito desde el punto de vista de una mujer y con la compasión de una mujer. Me dicen que les he mostrado esos valores culturales tan anticuados y dañinos ¡qué controlan las vidas de las mujeres! De la cocina a la recámara al trabajo, he expuesto esas torturas mentales, papeles superiores, alucinaciones de macho y sugerencias deprimentes que en la superficie aparentan ser una charla de todos los días pero que en realidad le niegan la dignidad humana a las mujeres.

En "Chiquita's cocoon" nadie se escapa—ni yo misma, ni mi madre, ni mi familia, ni mi esposo, ni la iglesia, ni mi gobierno, sociedad y menos que nadie, mi educación cultural.

Junto con todo "este peso," sin embargo, mis lectores me contaron como "Chiquita's cocoon" los hizo reir y llorar. Inclusive algunos dijeron que sucedió un milagro. La mayoría dice, "cambió mi vida." Estoy tan agradecida que el mensaje de este libro pueda hacer pensar a las mujeres acondicionadas culturalmente, permitiéndoles soñar y arriesgarse a alcanzar una vida más completa.

¡Otro detalle! (Después de todo, me demoré cinco años en escribir este libro. Además, yo considero esa modestia falsa ser otro traspié cultural que derrota a la persona!) Estoy orgullosa de poder decir que "Chiquita's cocoon" ha sido adoptado como texto al igual que como lectura suplementaria en escuelas secundarias, escuelas preparatorias, colegios, universidades y otras instituciones educacionales y correccionales del país. ¡Ajá!

Yo escribí "Chiquita's cocoon" especificamente para la mujer latina porque yo creo firmemente que ella está en medio de una crisis cultural. Como mujeres latinas todavía nos falta mucho para lograr tener nuestro lugar entre las estrellas, pero yo les prometo que lo tendremos. Ahora bien, estoy feliz sabiendo que este libro es para *todas las mujeres.*

El que "Chiquita's cocoon" haya tocado y mejorado la vida de las mujeres que no son latinas, me llena el alma. Yo ruego que sigamos adelante, compartiendo nuestras similaridades y aceptando nuestras diferencias. ¡Adelante mujeres!

Bettina

Índice

Introducción

Como Fue Escrito Este Libro—y Por Qué

Empecé a escribir este libro como una autobiografía simple de mi desarrollo como mujer latina. Digo "simple" porque pensaba contar mi historia de un punto de vista personal sin investigación, sin estadísticas y sin texto citado. Iba a ser una narrativa franca, escrita de mis recuerdos y de las anecdotas de aquellos que me ayudarían a recordar hechos.

No había escrito mucho sobre mi vida cuando me di cuenta que aunque quisiera compartir mis experiencias de haberme criado latina, también necesitaba comparar mis sentimientos, percepciones, y comportamiento con los de otras latinas. Yo estaba particularmente interesada en las experiencias que causaban sentimientos ambiguos. Una serie de sentimientos me decían que crecería, me casaría de joven, tendría una familia grande, y serviría a mi esposo abnegadamente. Pero, de lo más profundo de mi alma oía unos sentimientos contradictorios que decían "¡No!" a ese tipo de vida y todo lo que representaba. Yo quería mucho más. Más que nada, quería un estilo de vida donde un esposo me sirviera y estuviera loco por *mí*. Este conflicto me dejó dudosa. La idea de vivir un tipo de vida de latina "tradicional" o uno "opuesto" siempre ha sido una causa de conflicto. Mis alternativas eran el ser honesta conmigo misma y escoger el tipo de vida que de verdad quería, o vivir, en un sentido, toda una vida de mentiras en el estilo tradicional en que fui criada pero al cual detestaba apasionadamente.

Me empecé a preguntar si otras latinas también tenían estos conflictos. ¿Me los estaba imaginando? Si otras latinas verdaderamente tenían estos mismos sentimientos, ¿los admitirían públicamente? Por lo tanto, me encontré (casualmente al principio) preguntándole a otras latinas "¿Cuándo tú eras chica, las cosas eran así?" y "¿Qué opinabas?" Le preguntaba a mis hermanas, "¿De veras mamá decía estas cosas?" Fue divertido averiguar las respuestas a éstas y otras preguntas más. Inclusive pensé escribir otro libro—sus anecdotas y las mías combinadas de una forma alegre y entretenida.

Según pasó el tiempo y hablaba más seriamente con más mujeres, empecé a oír *otras* cosas—las cosas que la gente sólo dice cuando abren el alma. De repente, la marea cambió. Los cuentos ordinarios de "Yo me crié en el barrio" se convirtieron en confesiones de reproche propio. Yo estaba emocionada. ¡Sus cuentos—los que les salían del alma—eran desahogos de problemas, obligaciones, y frustración de la cultura opresiva! Muchas veces los mismos conflictos culturales que yo había descubierto en mí pero que había, por lo menos en parte, combatido, las habían devorado a ellas completamente. Descubrí que la "jornada de haberme criado latina" era mucho más significante de lo que yo creía. Muchas veces, cuando ellas lloraban, yo lloraba.

Los cuentos de como ellas *verdaderamente* pensaban acerca de estar tan metidas en la cultura eran penosos. Algunas mujeres confesaron enojo, desprecio, y repugnancia; otras, sentimientos de impaciencia y falta de esperanza. Todas estaban frustradas con la vida en general y le echaban la culpa a las tradiciones culturales y prácticas no progresivas, o al ser latinas.

Una entrevistada, una figura política prominente, admitió, "Tenemos que admitir que lo que somos y donde nos encontramos se debe más que nada a nuestro acondicionamiento cultural y ésto definitivamente nos mantiene oprimidas."

Una clarificación muy importante: Este libro no promulga que las latinas abandonen su cultura y tradición. Mientras que todas las mujeres que entrevisté dijeron, "siendo latina existen ciertos aspectos en mí que necesito cambiar," en ningún momento dijeron, "no quiero ser latina." Nosotras tenemos una herencia cultural generosa—nuestra historia, idioma, música, arte, folklore, y comida—una herencia que siempre debemos de guardar como un tesoro. Los aspectos de nuestras tradiciones culturales que nos son útiles deben de ser retenidos. Aquellos que nos hacen daño y nos derrotan deben de ser examinados con más cuidado, sus efectos adversos admitidos, y después desechados. De esto se trata este libro.

Mi vida y las de otras latinas han sido parecidas en algunas maneras. Sin embargo, nuestras maneras de ver las cosas son muy diferentes. Lo que más me sorprende es como las vidas de tantas mujeres carecen de ideas modernas y soluciones. Yo me siento feliz, productiva, y optimista de mi vida, sobre todo, de mi futuro. Mi salud, mi familia, y mi carrera susurran en armonía. Yo soy libre, hago lo que quiero. Adoro cada minuto de mi vida, los buenos y los malos.

En comparación, muchas de mis compañeras latinas no son felices. No tienen energía y parecen vivir sus vidas sin mucho "gusto." Da pena verlas. Muchas son más jóvenes que yo, pero sus actitudes son, "Bueno, así es la vida; no puedo hacer nada para cambiarla." Parece que estuvieran encerradas en un tipo de capullo y necesitan salir.

Después de descubrir esta violenta carcelería, supe que tenía que escribir un libro. Interrogué a aproximadamente doscientas latinas y empecé a escribir furiosamente. Mientras que sentía una necesidad grande de ofrecer algunas soluciones, me encontré apoyando cambios para el progreso y la realización propia. Sin embargo, esto no era suficiente pues me faltaba un ingrediente vital. No se puede cocinar un pastel sin levadura. Entonces, ¿cuál sería el elemento básico que haría funcionar estas ideas y que ayudaría a la latina lograr prestigio para obtener una vida de más calidad?

Toda búsqueda para lograr un cambio personal requiere un elemento básico y en este caso, no es más que *el valor*. El aplicar ideas de ayuda propia requiere megadósis de motivación personal y el simple anticuado *valor*. El *valor* es el átomo del cambio.

Por eso, finalmente concluí que este libro no trata únicamente con los dilemas de la latina dentro de su capullo cultural. Este libro trata con el *valor,* especialmente el *valor* de la latina—su *valor* para enfrentarse a algunas verdades sobre sí misma, su *valor* de querer cambiar, su *valor* de actuar de una manera diferente y su *valor* de lograr su realización propia.

Una nota a mis lectores:

Hagan este libro suyos. Comuníquense con él sub-
rayando, rodeando, y acentuando los pasajes que les
afectan, les excitan, o quieren recordar.

Respóndanme en los márgenes. Compartan lo
que marcan con sus amigos. Un libro que ha sido
marcado es un libro bien leído.

Bettina

PRIMERA

PARTE

El Origen Cultural

Espejito, Espejito

El carro blanco y negro de la policía, el carro negro del médico forense y el carro fúnebre largo y azul llenaban todo el patio en frente de la casa vieja de madera situada al fondo. Afuera, alrededor del cerco, los vecinos se estacionaron en pequeños grupos, mirando azorados. Dentro de la casa la familia estaba reunida alrededor del hombre que estaba acostado con la cara tapada, en la cama doble en el centro de la primera habitación. Los hijos: Ruth, Carlos, Josephine, Jenny, Mario, Rosie y la bebita de un año, Elizabeth, miraban, bien calladitos, mientras que el médico forense de habla inglesa le preguntaba a la mamá, de habla hispana, si sabía como su esposo de cuarenta y tres años había muerto. Con lágrimas en sus mejillas morenas, pero luciéndole más claras en ese momento, ella movió su cabeza diciendo que no. El médico forense miró a los niños y pestañeando como para darles esperanzas, dijo, "Bueno, es mejor que veamos cuanto dinero papá le dejó aquí a mamá." Sacó la cartera vieja del bolsillo del hombre muerto, la abrió y sacó $2.00. Suspirando profundamente, le dio el dinero a la madre y sacudiendo su cabeza, dijo en voz baja, "No habla inglés, $2.00 y siete niños. . . ."

RELATO DEL MÉDICO FORENSE
La Situación de la Madre
Latina, 33 años de edad
7 hijos, de edades 11, 9, 8, 7, 5, 3 y 1 año
No tiene educación
No habla inglés
No tiene experiencia de trabajo
No tiene un oficio
No está familiarizada con el sistema de los Estados Unidos
Católica
Tiene $2.00

Personalidad de la Madre
Timida, insegura, temerosa

El año: 1943
El lugar: Los Estados Unidos de América
La prognosis: Esta mujer se sumergirá en su cultura que trajo de México con ella. Vivirá una vida de pobreza, depresión, tensión social, analfabetismo, y explotación sexual. También tendrá un promedio de vida corto. Como muchas de su clase, ella existirá y apenas sobrevivirá en su capullo cultural—sin ambición para obtener el sueño americano que tiene disponible.

Yo era esa niña de un año. Ahora, casi medio siglo después, me encuentro en una reunión familiar en Los Angeles, cuando, sin ninguna razón, me pongo a notar los quehaceres festivos que las mujeres están llevando a cabo. Hay tres o cuatro cocinando, dos o tres están arreglando las mesas en el patio y las otras están preparando bebidas. Se oye la música latina que está tocando alto, y muchos niños de varias edades andan corriendo por todas partes como si estuvieran en sus casas. ¿Y dónde están los hombres? Bueno, los hombres están afuera tomando cerveza.

Mientras más observé, más me di cuenta de lo poco que la vida ha cambiado para las latinas. Aquí, después de más de diez años de la liberación femenina, todavía seguimos estancadas en los roles tradicionales.

El Dilema de la Latina: Ayer y Hoy

El cuadro de esta fiesta es el mismo del de 1955 en la casa de mi madre—las mujeres trabajan en la cocina, los niños juegan, y los hombres cómodos, toman cerveza.

Todos se sienten en su lugar—se podría decir—excepto yo. Me siento como una extraña mirando hacia dentro, y en realidad no se que hacer conmigo misma. Yo me considero una latina liberada, pero en esta fiesta me siento vencida por el comportamiento de la cultura tradicional de tantos. Así que, sin darme cuenta, me encuentro en la cocina donde inmediatamente me ponen un delantal y me indican mi estación de trabajo. Sin poder vencer esta presión, me empiezo a enojar conmigo misma porque, para poder "pertenecer," otra vez me he dejado ser manipulada al papel tradicional.

Yo hubiera preferido agarrar una cerveza y juntarme con los hombres afuera. Aunque de verdad consideré hacer ésto, también reflexioné acerca de las consecuencias. La mayoría de las mujeres se enojarían. Algunas podrían decir, "Ella siempre trata de ser diferente." Otras podrían advertir, "Qué coqueta." Y aquellas inseguras de sí mismas maldecirían en voz baja pensando, "Estoy segura que anda detrás de mi marido." Con todo esto en mi mente, me seco las manos en el delantal hecho de un saco de harina y con lágrimas en los ojos, empiezo a cortar cebollas.

Esta situación me enloquece. Todos tenemos treinta o cuarenta años de edad, somos universitarios, modernos, liberados (o así creía), bien leídos, instruídos en asuntos de la actualidad, y por supuesto, experimentados con el tipo de dieta más reciente. Entonces, ¿Por qué nos estamos comportando de una manera tan tradicionalmente hispana?

Excepto yo, nadie parece estar afectado por la manera en que las cosas marchan esta tarde. Después de todo, las voces en la cocina suenan felices, la risa de los hombres afuera sube y baja, y los niños están gritando en tonos que indican a las mamás que todo está bien.

Se está haciendo tarde y los hombres se están quejando de que tienen hambre. "Bueno," yo estoy a punto de decir, "¿Por qué no se meten a ayudar?" Cuando la anfitriona cortésmente se me adelanta diciendo, "No hay problema, señores. Llamaré a los niños para que les hagan unos antojitos. La cena no será hasta mucho más tarde."

(¿No hay problema?*%$&! ¿No hay problema? Estamos hasta la cabeza de pollo que cortar, docenas de lechugas rodando por el piso esperan ser lavadas y cortadas, y las mazorcas de maíz saliéndose de los sacos del mercado están gritando que se las pelen!)

"No hay problema," sarcásticamente imité. "Pero ahora necesitamos que alguien se ocupe de los niños."

¡Vaya que estaba equivocada! No estaba pensando.

Antes de pestañear, había cinco niñitas de edades de cinco a diez años preparando sandwiches gigantes. Riéndose, las niñitas prepararon los sandwiches como si lo hubieran estado haciendo toda la vida. Ni si quiera resisten. Se les ha dado la orden y estas niñitas entienden perfectamente lo que se espera de ellas. Con habilidad y orgullo le sirven sus creaciones a los hombres.

En ese momento, no sabía si llorar o gritar, pero definitivamente sabía lo que me estaba molestando. Aunque por un momento yo había vuelto al papel tradicional, estaba consciente de mi decisión. Pero estas niñitas ya habían sido programadas para obedecer y servir a los hombres igual que mi generación fue programada—¡por nuestras madres! La única diferencia es que los sandwiches reemplazaron a los tacos.

Tristemente pienso, "En quince o veinte años estas niñitas estarán preparando comida en sus cocinas y sus hombres estarán afuera, tomando cerveza."

Lo que me frustra más no es el que estén preparando sandwiches o el deber mundano de servir a los hombres, pero la inhabilidad y el fracaso de acabar con viejas costumbres, particularmente aquellas que son opresivas.

Yo frecuentemente fracaso también, cuando mi deseo de pertenecer vence a mi deseo de tener igualdad. Debido a muchos fracasos amargos, yo sé muy bien lo duro y doloroso que es el analizar nuestras vidas y como somos, y lo difícil que es aceptar que nuestras vidas no son perfectas.

El Placer y el Dolor de Conocernos

Como latinas, hemos tradicionalmente interpretado el papel de "déjame servirte" a los hombres hasta el extremo, porque se nos ha inculcado culturalmente. Aunque esto parezca insignificante en la superficie, es una de las tradiciones más dañinas para las latinas y para otras mujeres cuyas culturas recalcan la subordinación a los hombres, porque hace daño psicológicamente. Si es eso para lo único que las mujeres han sido programadas y es eso todo lo que hacen, con el tiempo todo el mundo llega a creer que eso es todo lo que pueden hacer. Aún peor, las mujeres mismas son las que acondicionan a los hombres a que esperen ser servidos de esa manera y perpetúan una actitud de servidumbre en todo momento, como en esta fiesta.

El tener que servir a los hombres constantemente es opresivo, pues deja a la mujer con poquito o nada de tiempo para si misma. Las mujeres que están atrapadas en esta programación están básicamente declarándoles a sus compañeros, "Primero vienes tú, así es que, después vengo yo." Esto difícilmente realiza el amor propio de una mujer.

Durante toda la fiesta, hice apuntes mentales. Todos somos latinos o de una raza de habla hispana. Nuestros antecedentes son inmensamente diversificados: estudiantes, amas de casa, secretarias, mecánicos, administradores, maestros, abogados, y médicos. El anfitrión es mexicano y la anfitriona cubana; algunas parejas son mexicanas; otras se consideran mexicanas—americanas, chicanas, o latinas. La prensa nos ha clasificado como hispanos, cosa que me parece raro ya que hispano viene de Hispana, que quiere decir España, y la mayoría de la gente de habla hispana en los Estados

Unidos es nacida aquí o en México o en Centro América. Para simplificar, yo uso latinas o latinos.

Empiezo a contar el número de niños por pareja y me sorprendo al ver que todavía estamos teniendo muchos bebitos. Quiero decir, la píldora ha estado en el mercado desde los años sesenta y sin embargo, cada pareja tiene por lo menos tres niños y la mayoría cinco. Una pareja tiene siete y está considerando tener otro. (¡Ave María purísima!) ¿Dónde estábamos cuando se inventó la píldora? ¿Dónde estaba yo?

Yo tengo cuatro hijos. Pero, ¿En algún momento me *pregunté* cuantos hijos quería? No. ¿Y mi esposo? No. ¿Quién, entonces, decidió por nosotros? Yo creo que en cada uno de nosotros hay una voz pequeña de acondicionamiento diciéndonos que hacer, como actuar, y como vivir. Y al no ser que cambiemos, vamas a ser lo que estamos acondicionados a ser—por esta vocesita latina.

Hablando de niños, estoy sorprendida de ver que los padres latinos en la fiesta todavía tratan a los niños de una forma diferente si son niños o niñas. Pensé que ya era hora que algo del movimiento de liberación femenina haya afectado a la mayoría de padres. Hablando claro: los hombrecitos reciben atención favorable; a las mujercitas no les hacen caso.

Un ejemplo notable sobre este tema se presenta cuando una niñita corre hacia su mamá y le pregunta si puede tomar un refresco. La mamá le contesta instantáneamente, "No, te vas a enfermar," y corre a la niña. Cinco minutos más tarde el hermano de la niña le pregunta lo mismo a la mamá y la mamá dice, "Ay, hijo, mírate. Tienes calor y estás sudado." Con dulzura, le quita el pelo de la frente y dice, "¿Te estás divirtiendo, mi hijo? Bueno, ve y toma otro refresco."

Para mi, esto no tiene que ver con quien se toma un refresco y quien no, si no con quien recibe la atención, la preocupación, el afecto de la mano de la madre, y el sentido de importancia. ¿A quién se le hace sentir débil y disminuída? Mientras más consideré ésto, no pude dejar de preguntarme cual es la posibilidad que exista una relación favorable entre la hermana y el hermano. Las niñas latinas casi nunca tienen una posición. Aunque ellas están muy pegadas a sus madres, las madres son parciales a sus hijos. Naturalmente, un hijo mimado por su madre espera, sin duda, ¡la misma atención de su hermana y más tarde de su esposa!

Durante todo el día, veo muchas instancias de padres latinos, que debido a su acondicionamiento cultural y sus costumbres, tratan a sus niños de la misma manera en que ellos fueron tratados.

Un incidente que lo dice todo ocurre cuando una niñita y un niñito chocan. Los dos niños lloran, pero el niño llora más fuerte y su papá va a ver lo que ha pasado y literalmente pasa por arriba de la niña. Ignorándola a ella totalmente, carga al hijo y se lo lleva a la casa.

Yo cargo a la niña y la consuelo hasta que se calma. Ella sabe y acepta el hecho de que nadie en realidad está preocupado por ella. Su programación ya está en camino. Es obvio que los padres latinos han heredado prejuicios sexuales. Los hombres son definitivamente supremos.

Cuando el primero que nace es varón, ocurre una tragedia doble para las latinas. La latina pierde su posición. Además, dando a luz a un hijo que será criado como su padre, la latina tendrá dos machos con quienes deberá competir.

Aún peor, porque las latinas han sido educadas a que sólo un hijo puede validar el machismo de su esposo, ella con gusto se apura a ayudar al ciclo vicioso.

Ella ayuda celebrando y estando de acuerdo con su esposo en

que él está verdaderamente realizado con el nacimiento de su todopoderoso hijo. Ella piensa: "Ves, querido, soy una buena esposa. Te he dado un hijo para que lo presumas con tus amigos, para que te haga sentir viril, para que lleve tu nombre. El te es tan especial que yo lo trataré de una manera especial."

Cuando el primero que nace es una niña casi siempre se siente una desilusión, particularmente por parte del padre. El la ve como una responsabilidad, alguien a quien tendrá que casar algún día. La esposa se siente culpable y disminuída, sabiendo que no realizó las esperanzas de su esposo. Sin embargo, sus parientes y comadres, la consuelan recordándole, "Qué bueno que tuviste una niña primero para que ella te ayude con los demás niños." ¡Este tipo de declaración subraya el hecho que las latinas son percibidas más como un objeto utilitario que como personas!

La niña latina es poco apreciada desde que nace. Mientras que las latinas y sus hijas sigan conformes siendo víctimas de esta opresión, seguirán sin tener amor propio. Al no ser que se rompa esta cadena de acondicionamiento crucificante, el problema seguirá siendo un ciclo vicioso de generación en generación.

Es importantísimo que la latina se de cuenta de este papel para que empiece a oponerse y trabaje para cambiarlo. Sólo puede romperse cuando las latinas acaben con su complicidad en esta castración cultural y digan ¡basta! Ellas tienen que desarrollar respeto en si mismas e inspirar respeto propio en sus hijos e hijas.

Dentro del Capullo de Chiquita

Cualquier latina que esté viviendo o haya vivido parte de su vida como las mujeres de la fiesta, está viviendo en un capullo cultural perpetuado por tradiciones y costumbres anticuadas. Es un capullo hilado en la casa que en la superficie aparenta ser cómodo, pero que en realidad sofoca. Es un capullo que no se discute, no se reta, y que en la época más vigorosa de la liberación femenina, continúa impidiéndole a la latina su desarrollo completo y sacrifica el potencial humano que Dios le ha dado.

Muchas de las costumbres y prácticas en "Chiquita's cocoon" hacen daño, tienen efectos negativos y resultan en una derrota personal.

El cuento de la fiesta es tan solo una mirada al problema de la latina. El resto de la primera parte habla de temas críticos: pobreza, la manipulación del machismo, culpabilidad maternal excesiva, persecución religiosa, falta de educación, y falta de metas y habilidades para planear la vida. Para algunos lectores, las discusiones de estos temas sensitivos, relacionados a la cultura, puede que sean difíciles de aceptar—las revelaciones escandalosas por lo regular lo son. Aunque sabemos que ciertas verdades son factuales, al leer sobre ellas se hacen más visible, amenazantes, e innegable. Puede que nos veamos a nosotros, a un amigo, a un pariente o a un ser querido en estos capítulos.

Aquellos que se sientan amenazados deben olvidar su miedo y pensar en el valor de esas latinas que descubrieron sus sentimientos (como una de ellas dijo, su "menos propio") sólo para ayudar a que otros no cometan el mismo error. De ellas oí toda la angustia, dolor, y lamentos pidiendo ayuda que quiero oír, según ellas voluntariamente me contaron de sus defectos relacionados a la cultura. Fue como si por fin alguien que las comprendía estaba dispuesta a escuchar. Para muchas, las emociones dominantes de inseguridad, coraje, soledad, y miedo no les daba espacio para las emociones de alegría, felicidad, y amor propio. Olvídate de tu nerviosidad y miedo. No estás sola.

Enfrentando la Realidad

Tenemos que enfrentarnos, de una vez por todas, a esta angustia que quita vitalidad y nos agota. Una manera es enfrentar lo que está dicho en este libro. Ustedes no tienen que estar de acuerdo con todo lo que digo, pero por favor acepten esto: Todo comienza con la mera *conciencia* y todo cambio que sigue, corre de ese mismo *conocimiento.* Es necesario leer *todo* el libro pues el último beneficio es el entender la obra completa y el usar tu nuevo conocimiento como un paso adelante en la vida.

En la segunda parte, hay algunas sugerencias y filosofías para cambiar, eso es, como dejar lo de antes y empezar con lo nuevo. Esta parte les ofrece algunas maneras nuevas de pensar, incentivos para tener una actitud vencedora y mucha, mucha inspiración para ayudarles a progresar y obtener lo que quieran en la vida. Como en todo tipo de aprendizaje, esta sección requiere algún estudio.

En nuestra historia de cuatrocientos años, un libro como este de ayuda propia es algo raro. Hazte amiga de este libro como de una compañera que no te falla. Llévalo y úsalo donde estés. Yo creo de todo corazón que "Chiquita's cocoon" le ofrece algo *a todo el mundo* y que *todas las latinas* en "Chiquita's cocoon" nos hablan honestamente de problemas que ya hace mucho tiempo que estamos evitando escuchar. Yo espero que así lo crean ustedes.

¡Adelante!

Hechos, Mitos y Mitotes

El Estado de las Latinas, 1983, Los Angeles Times

Población:

De las 7,328,842 latinas en la nación, aproximadamente 4.3 millones son de descendencia mexicana y tienen un promedio de 22 años de edad.

Posición de Trabajo:

La mayoría de las latinas siguen recibiendo un salario bajo como empleadas de fábrica y mecanógrafas. Las latinas ganan 49 centavos por cada dólar que gana un hombre blanco. Las mujeres blancas ganan 58 centavos y las mujeres negras 54 centavos.

Educación:

El promedio de educación escolar de las latinas es 8.8 años comparado con 12.4 de la población general.

Un Padre:

El 20 porciento de las familias latinas están encabezadas por mujeres. El número de latinas pobres se dobló entre 1972 y 1981, de 800,000 a 1.6 millones. De esos hogares encabezados por latinas con niños menores de 18 años, el 65 porciento estaba bajo el nivel de la pobreza.

Divorcio:

El número de divorcios de latinas subió de 81 a 146 divorcios por cada 1,000 en matrimonios activos entre 1970 y 1981. (En comparación los números en 1981 fueron de 118 para las mujeres blancas y 285 para las mujeres negras.)

Activista:

"Las latinas tienen una historia de fuerza y activismo," dice Adelaida del Castillo de UCLA (La Universidad de California en Los Angeles), "incluyendo un récord de huelgas que abarcan casi todas las áreas de su labor desde los campos hasta las fábricas." En la última década, las latinas han empezado a tomar un papel activo en la educación como padres miembros del concilio, ayudantes a maestros y oficiales de escuela. Las latinas también son activas en una variedad de frentes, por medio de sindicatos, sistema de comunicación, educación más avanzada, leyes, negocios, agencias sociales y grupos en la comunidad.

Futuro:

María Rodriguez, una abogada del Mexican American Legal Defense and Education Fund dice, "Yo estoy muy optimista acerca del futuro porque sigo conociendo a latinas con verdadera habilidad de dirigir e interés en las latinas como mujeres. *Las latinas tienen problemas únicos* en su género los cuales tenemos que encarar si queremos mejorar las condiciones para todos los latinos en este país."

Las estadísticas son otra manera en que podemos vernos como grupo. Es difícil discutir con las estadísticas. Ellas nos hacen ver diferencias, nos proveen comparaciones y nos indican los hechos. En estas estadísticas vemos claramente que las latinas sufren económicamente, culturalmente y socialmente.

En 1974, la situación era aún peor. El Departamento de Labor de los Estados Unidos reportó que mujeres de origen hispano (esto particularmente incluyó a puertorriqueñas, cubanas y mexicanas) tenían un salario de un promedio de $3,065.

¿Qué? $3,065.

Cuando encontré esta estadística, de veras me alarmé. ¿Cómo podía ser ésto? Nadie puede vivir con $3,065 al año, ¡ni si quiera en 1974! Ese año yo estaba trabajando en una universidad como administradora; ¡yo estaba ganando $15,000! ¿Por qué asumí que el resto de las latinas estaban ganando aproximadamente lo mismo?

De todas las estadísticas acerca de latinas, ésta fue la que me sulfuró más. Me costó trabajo aceptarla, creerla y enfrentarla. Ahora estamos en los años noventa y en general las latinas siguen perteneciendo a una clase empobrecida y sufriente. ¡Hay algo que anda mal! ¿Por qué la pobreza miserable? ¿Por qué no han progresado las latinas? Intelectualmente no somos diferentes a nadie. ¿Cuál es el problema?

Los Obstáculos de las Zonas Etnicas Erróneas

Quizás lo que tenemos que hacer, además de asimilar estas estadísticas dolorosas, es explorar nuestras vidas desde un punto de vista más profundo y personal. Debemos de vernos honestamente desde *adentro,* examinando la manera en que pensamos, hablamos y actuamos. Las latinas en este libro lo han hecho, y yo creo que hay mucho que podemos aprender de ellas. Mientras que sus historias entrelazadas con las mías no constituyen un estudio sociológico, un tema salió a la superficie una y otra vez: nosotras, las latinas, somos quienes somos y estamos donde estamos debido principalmente al acondicionamiento cultural que nos oprime. Casi todas expresaron este punto de vista. Debido a que las preocupaciones eran muchas y difíciles de aceptar, estas se toman todo este capítulo y el siguiente.

Aquí va. *¡Ten valor, Chiquita!*

Las influencias culturales más comunes de aspecto negativo son:

- aceptar la pobreza y negar la importancia del dinero
- validar el racismo

- ser demasiada etnocéntrica y el tener miedo de enfrentártele al papel tradicional
  - tener miedo de rehusar nuestra herencia
  - estar renuente a convertirte en anglo
  - resistir el biculturalismo
  - la falta de educación y metas personales.

Añádele a éstas millares de actitudes equivocas sobre el materialismo, el machismo y la religión y puedes empezar a reconocer algunas de las zonas étnicas erróneas que paralizan nuestro progreso. Para definir, las zonas erróneas son formas de ser que nos derrotan y no nos permiten salir adelante. Todos tenemos zonas erróneas. Por igual, todos tenemos el poder de librarnos de ellas enfrentándonos, comprendiendo sus raíces y efectos y avanzando hacia un tipo de vida más sana.

La Pobreza Primero y principalmente es el asunto del dinero. ¿Por qué? Porque el dinero es una de nuestras necesidades más importantes. Desafortunadamente las entrevistas me hicieron ver que quizás las latinas piensan de otra forma.

Las latinas consideran el dinero casi como un pecado. "El dinero," dicen las latinas, "causa problemas." "El dinero" declaran, "no es necesario para la felicidad." "El dinero," las que entrevisté dijeron, "no es importante."

¿Cómo? ¿El dinero *no* es importante? ¡El dinero es muy importante! El dinero compra comida, casa, salud, educación, justicia y viajes. El dinero nos proporciona seguridad, estabilidad, tranquilidad mental, seguridad en nosotras y felicidad. Mientras vivamos en un sistema basado en el dinero, el dinero tiene que ser una de las cosas más importantes en nuestra vida porque nos da como cuidarnos y como cuidar a aquellos que dependen de nosotras.

El sentir remordimiento por gozar el dinero, o por tenerlo o por desear tener más, viene de actitudes espirituales y culturales erróneas. La iglesia católica les quiere hacer creer a las latinas que la pobreza es una virtud, cuando en realidad esta actitud es una trampa.

"Felices son los pobres" no es más que un dicho que le miente a la gente para mantenerla bajo control y sin esforzarse para obtener más. Mira, por ejemplo, a la gente pobre en México que hace su peregrinación tradicional a la basílica de rodillas. Le piden a Dios más abundancia en sus vidas, pero probablemente lo que están pidiendo es trabajo para darle de comer a la familia. Aunque esta peregrinación es respetada religiosamente, la realidad es que no se puede encontrar un trabajo mientras que se está de rodillas. ¡Un trabajo se encuentra presentando aplicaciones o creando tu propia subsistencia!

La iglesia católica no es pobre. Pero, sin embargo, muchos de sus parroquianos lo son—particularmente los hispanos alrededor del mundo. La iglesia católica puede enseñar prosperidad tan bien como puede enseñar el aceptar la pobreza, pero prefiere no hacerlo. ¿Te has preguntado alguna vez por qué? ¡Las latinas son pobres porque han sido acondicionadas religiosamente y culturalmente a aceptar la pobreza como una realidad que no pueden cambiar! (Evidentemente, si la iglesia dice que la pobreza es buena para nosotros, entonces debe de serlo.)

Yo ya no puedo creer ésto. Necesitamos prosperidad en nuestras vidas. Necesitamos instrucción y enseñanza de prosperidad. Si eres latina y católica, probablemente nunca has oído hablar de clases de prosperidad. ¿No es cierto? Bueno, debes de interesarte porque en las clases de prosperidad aprendes a como ganar más dinero. Las clases de prosperidad por lo regular están patrocinadas por bancos, colegios de la comunidad, negocios locales o inclusive la televisión. Pueden ser de temas generales como "Piensa y Hazte Rico" o relacionadas a temas específicos, por ejemplo, "Como Hacerte Rico en Bienes Raíces," "Como Doblar Tus Ahorros" o "Como Superar Tu Potencial de Salario." Busca estos eventos en el periódico y matricúlate. Recuerda, el sentir remordimiento por desear dinero es falso, insincero y te derrota.

¡Yo adoro el dinero! Yo soy muy audaz respecto al dinero. Con dinero yo le doy de comer a mis hijos, me ocupo de su salud, los educo y los saco de dificultades. Puedo usar mi carro, pagar la casa e irme de vacaciones con mi esposo. Sin dinero la vida es bastante aburrida: no tenemos libros, revistas o videos, almuerzos en restaurantes, ropa, cosméticos o buenos perfumes, conferencias, viajes, entretenimiento o planes para el futuro. Cuando no tengo dinero me siento enferma y deprimida, sin espíritu y estancada.

Yo me crié con la enfermedad de la pobreza. Cuando tenía doce años, y ya no podía aguantar mi dieta diaria de papas y frijoles, aburrida de una vida sin novedad, cansada de ver a mi mamá preocuparse por nuestra próxima comida, impaciente por tener una vida mejor—¡me fui de la casa!

¡Vamos a ser honestas! El no tener dinero es sufrir. Nadie lo dice mejor que la ministra de la Unity Church Catherine C. Ponders en "Las leyes dinámicas de la prosperidad" (The Dynamic Laws of Prosperity), "La pobreza llena las cárceles con ladrones y asesinos. La pobreza conduce a hombres y a mujeres a los vicios del alcohol, las drogas, la prostitución e inclusive suicidio. Conduce a niños buenos e inteligentes a la delincuencia y al crimen. Causa preocupaciones y tensiones que empobrecen la salud física y mental. El vivir en la pobreza es vivir en un estado de depresión, es una enfermedad que muchas veces no es detectada y es aceptada como la manera normal de vivir."

La Asociación Americana del Corazón en un artículo titulado "La pobreza mata . . ." dice que los pobres tienen más probabilidad de desarrollar enfermedades cardíacas. En realidad, encontraron que "los hombres pobres como grupo, indiferente de la raza, tienen un 40 porciento más de probabilidad de morir del corazón que aquellos más ricos. Entre las mujeres, se vio un 40 porciento más alto para las pobres que para aquellas más ricas."

¡La pobreza, no el dinero, es el verdadero pecado!

El Racismo   El racismo es un problema sensitivo y complejo que se encuentra en todo el mundo. El racismo, sin embargo, no es la única causa de nuestras angustias como muchas latinas quieren creer. El racismo es solamente uno de los problemas negativos que hemos dejado que dominen nuestra manera de pensar, impidiéndonos progresar.

Confesiones de Latinas Que Quieren Salir de Sus Capullos

El Ser Etnocéntrica   Muchas latinas son furiosamente etnocéntricas. Aunque no queramos oírlo, se tiene que decir. Tenemos la tendencia de quedarnos metidas en nuestra cultura, y dejamos de hacer esfuerzos por alcanzar algo que no sea lo familiar. ¿Por qué? Porque nos sentimos protegidas y seguras en nuestro capullo cultural. Tenemos miedo de salir. Por supuesto, es más fácil quedarnos entre las tradiciones culturales familiares, cerca de aquellos que piensan igual que nosotras y nos aceptan como somos, y de quienes recibimos cariño. Lo que tenemos que realizar es que muchas veces este tipo de enlace es lo que nos mantiene limitadas y hasta nos hace daño. Cristina, de veinte y dos años, escribe:

> Yo me crié y viví en el barrio toda mi vida y cuando quería hacer algo fuera del barrio, mis amigos y familia se preguntaban sobre mis motivos. ¿Para qué? ¿Quieres ser gringa? ¿No te gusta ser morenita? ¿Qué más quieres? Ahora, recordando esos tiempos, puedo ver lo emocionalmente y mentalmente limitados que eran mis amigos y familiares. Mientras más trataba de lograr algo más o diferente, más presión sentía.

Las latinas de "grupitos" se apoyan ente ellas mismas. Creen que el socializar con "otros" (no latinos) no es debido. Aún el pensar de ser como "otros" es casi una traición. Con miedo, pero no sabiendo en realidad por qué, se limitan a su capullo ambiental. La mayor parte de las latinas sólo van a eventos donde saben que van a estar con su gente.

La ironía es que esas latinas de grupitos son así por costumbre y no porque ellas individualmente han identificado una razón lógica por la cual no deberían socializar con otros. Juanita, quien atiende una universidad pequeña en un pueblo pequeño, se preparó para empezar a conocer a mucha gente nueva en su campo escolar. Ella relató:

> El ser latina no fue un problema para la gente que conocí, pero si lo fue para las latinas que no pensaban como yo. Sin hacerle caso a ésto, yo me hice miembra de clubs y participé en muchas actividades; casi siempre yo era la

única latina. De vez en cuando, invitaba a amigas latinas a algunas funciones, pero siempre recibí un "no" como respuesta. Desde un punto de vista personal, yo creo que me vino muy bien participar. Yo estoy en la universidad para abrir mi mente y para aprender que es lo que hace a otros tener éxito. Si me limito a un solo grupo, me estoy limitando a mí misma, punto.

El ser demasiado etnocéntrica y el aceptar las maneras tradicionales le costó a Alicia, de cuarenta y seis años de edad, muchos años de sufrimiento y casi su vida misma. Ella reportó:

Yo nací en México y vine a los Estados Unidos cuando tenía trece años. En dos matrimonios fui golpeada por mis esposos mientras que mis amigos y mi familia miraban. Se me dijo una y otra vez que no discutiera mis problemas personales con nadie y que llevara mi cruz como una buena esposa. En vez de ayudarme, mi familia reforzó mi carga.

Las latinas tienen miedo de enfrentarse con los amigos y con la familia con lo que ellas creen o necesitan. Este miedo les viene de la instrucción que se les dio en la niñez y de la falta de posición en la unidad familiar. Por eso, es comprensible que la latina tiene miedo de desafiar su papel tradicional. Pero es peor—limita y no es saludable—el permitirse ser abusada mentalmente y físicamente.

Negar Nuestra Herencia   El miedo de que las latinas negarán su herencia si se van de la casa es un mito. Si tú quieres ser latina, chicana, mexicana o hispana puedes serlo donde quieras. ¡El irte de tu casa no tiene nada que ver con rehusar tu herencia pero si mucho que ver con el chantaje! Cuantas veces hemos oído, "Si te vas de la casa, nunca podrás ser una buena latina de nuevo." O, "Si fueras una hija buena, no me harías ésto." Los padres que hacen que sus hijos se sientan culpables, ya sean jóvenes o adultos, se están cuidando a sí mismos. Se comprende el querer retener a los hijos cuando la necesidad es seria, como para cuidar a los viejitos o enfermos. Pero cuando no lo es, los padres tienen que darse cuenta que pueden hacer que sus hijos terminen dependientes y débiles. Si consideraran el futuro de sus hijos, realizarían lo mucho que los impiden.

Duele oír a las latinas decir, "No quiero que mis hijos se vayan de la casa cuando sean mayores." Esta actitud sólo desanima a los jóvenes de aventurarse a experimentar la vida independientemente. Además, declaraciones como, "No quiero que mis hijos se vayan a la universidad" desconciertan igual, porque el ir a la universidad lejos de casa es una de las mejores oportunidades para el desarrollo personal.

Cuando una latina se sale del confín de la casa, la marcan como "una mujer relajada," en vez de como alguien que está buscando su independencia y espacio en el cual desarrollarse. Por ejemplo, Isabel se fue de su casa a los veinte años y dice:

En mis veinte, yo había sido marcada como tal mujer. Me fui de casa cuando encontré mi primer trabajo y durante diez años pasé de un trabajo a otro. Yo estaba buscando algo que de verdad me estimulara. Por supuesto, cuando iba de visita a casa siempre oía lo mismo "¿Sigues con la misma onda, Isabel? ¿No te puedes satisfacer y establecerte?" Mi papá siempre me estaba dando el sermón de como la familia es lo más importante, pero que una vez que puse el pie fuera del confín yo no era nada. ¿Sabes lo que creo? No hemos aprendido a dar la liberta con amor.

Es verdad que el irnos de casa es una de las cosas más difíciles de hacer, ya que las latinas han vivido en las cuadras del barrio una generación tras otra. El capullo cultural casi puede consumir a la gente totalmente, dejándolas sin poder funcionar fuera de él.

La mudanza que mi esposo y yo hicimos desde Fresno, California a Los Angeles, 180 millas de un tiro, con tres niños pequeños, fue horrible y traumática. Ninguno de los dos nos habíamos mudado antes. Cuando llegamos a Los Angeles, no más queríamos volver a Fresno. ¡Imagínense! Dos adultos que no podían adaptarse. Nuestras ligas emocionales con nuestras familias eran tan fuertes que nos pasamos los primeros cuatro años regresando a Fresno todos los fines de semana. En toda forma—psicológicamente, físicamente, emocionalmente y economicamente—pagamos por nuestro acondicionamiento.

Mientras que vivir y morir en el barrio es *agradable,* y probablemente le viene bien a *otro,* también es como si estuviéramos desamparados en una isla donde ninguna influencia o experiencia externa nos puede alcanzar. Aún aquellos que se las arreglan para irse de adultos, como mi esposo y yo lo hicimos, se encuentran heridos, mal preparados y perdidos.

Las latinas que se limitan a vivir en las cuadras del barrio se están negando las muchas oportunidades que la vida ofrece. Las cuadras del barrio dentro del capullo cultural recalcan los mismos valores una y otra vez, y no dejan lugar para el aprendizaje o el cambio, los cuales son necesarios para progresar.

Es esencial que las latinas vivan sus *propias* vidas cuando llegan a ser adultas. Es cierto que creas que estás cortando con tu pasado y tus raíces, pero si estás segura de ellas serán parte tuya dondequiera que te encuentres. El salir de la niñez, el irte de casa y el mantenerte latina *va* mano en mano.

Miedo a los Anglos El miedo a los anglos (o el convertirse en anglo) es otra de las fobias que las latinas adquieren de la crianza cultural. Para mi fue así. Las latinas, especialmente las que no tienen habilidades de trabajo o educación, están intimidadas por los anglos y otros que las hacen sentir inferiores y amenazadas.

Yo tenía cuatro años cuando fui intimidada por primera vez por una mujer anglo. Ella venía a nuestra casa mensualmente, del departamento de beneficencia, para ver como estábamos. Por alguna razón, ella siempre se sentaba y mi mamá y yo nos quedábamos de pie en el centro de la sala enfrente de ella. ¡Nunca se me olvidará! Yo me le pegaba a las piernas de mi madre, sintiendo su nerviosidad y miedo. La mujer anglo siempre tenía un montón de preguntas (en inglés, por supuesto) que se las disparaba a mi madre como flechas penetrantes. Sin hablar el inglés, sintiéndose intimidada y amenazada, mi madre no podía decir mucho y estaba forzada a escuchar ese abuso verbal. ¿Saben ustedes por qué *yo* a la edad de cuatro años, también me sentía intimidada y abusada? Yo estaba imitando el comportamiento de mi madre. Yo quería que mi madre luchara, pero no podía.

El miedo es una emoción opresiva. Cuando tienes miedo es difícil actuar armoniosamente, y menos ocuparse de asuntos o de la gente. Cuando tú le tienes miedo a lo desconocido (en este caso, a los que no son latinos) es aún peor porque tus sentimientos de inferioridad te limitan ocuparte de tí misma. Primero sientes pánico, después te enojas y, sin poder desahogarte, supuras desprecio y odio. Pronto estás diciendo, "Los odio" o "No los aguanto." Racionalizas de una manera defensiva, "Nunca quiero ser como un anglo." Con el tiempo estas emociones se hacen más grandes. Guardas sentimientos de larga duración y te vuelves fóbica en tu conducta con los anglos y esto resulta en actitudes que te derrotan. Mi madre, como millones de latinas, evitaba y tenía miedo a comunicarse en otro idioma que no fuera el suyo.

Así que piensa por un minuto. ¿Es verdaderamente enemigo el anglo? O ¿Es el enemigo el miedo de lo desconocido y nuestra desgana a conquistarlo? Sí, los anglos, o en cuanto a eso cualquiera, pueden intimidarte, hacerte sentir inferior y amenazarte, pero solamente cuando saben más que tú y cuando tú los dejas.

Anteriormente dije que nunca olvidaría los escenarios en que fuimos intimidadas durante mi niñez. No los he olvidado y he jurado que nadie jamás me volverá a intimidar. Me he prometido que nadie me hablará de esa manera de nuevo ni saldrá con la suya. Juré aprender inglés y practicar mi escritura y habilidades verbales hasta que pudiera expresarme tan bien como cualquier anglo en cualquier situación. Había una razón por la cual me especialicé en inglés y comunicación y era una polemista agresiva en la universidad. Yo quería jugar el juego y *ganar*. Las latinas tienen que aprender las reglas y ponerse a jugar.

Las latinas que han sido criadas en la cultura latina no se van a convertir en anglos simplemente exponiéndose al mundo anglo. Si tú quieres ser latina, chicana, mexicana o hispana lo puedes ser dondequiera y con quienquiera. Acuérdate de ésto, y adelante, mujer.

Bettina R. Flores

Teniendo la Opción de Quien Ser

El ser bilingüe y bicultural es una ventaja. Es tener el *doble* que la mayoría de la gente. ¿Qué afortunadas pueden ser las latinas? Aurora, quien fue educada en México y en los Estados Unidos, lo dice bien:

> Mi ventaja más grande es ser bilingüe y bicultural y ser mexicana y americana. Yo me siento cómoda y segura en las pachangas con mis amigos y parientes. También me siento segura cuando estoy con mis otros amigos. Tengo lo mejor de dos mundos.

Las latinas tienen lo mejor de dos mundos al igual de la opción de quienes ser. Elisa A. Martínez, de cincuenta y un años, una maestra de escuela elemental de niños severamente incapacitados y la antigua directora del Teatro de los Pobres, vive en la frontera de Juarez. Ella dice, "Me alegro de que mi madre haya cruzado *ese* río. Hay tanto más aquí." Una madre de seis (cinco de ellos universitarios) ella escribió:

Teniendo la Opción de Quien Ser
Por Elisa A. Martínez

Como mexicanos americanos, a menudo somos criticados por no seguir la corriente de América. ¿Por qué insisten "ellos" en hablar "ese idioma" y mantienen "esa" cultura cuando "ellos" viven en Los Estados Unidos?

Yo no puedo contestar esa pregunta por otros. Pero yo encuentro que hace la vida más interesante.

Según las apariencias, yo soy una persona pero en realidad soy dos.

Soy una que llora cuando oye los cuentos melancólicos de mamá y papá; y la otra que suspira cuando oye "Goodnight Sweetheart" (Buenas noches querida), con sus recuerdos de amigos, bailes y malteados del puesto de refrescos.

Soy una que goza un pedazo de filete medio crudo y la otra que lo envuelve en una tortilla y se lo come con un chile bien picante.

Soy una que se sacude al ritmo de "Billie Jean" y la otra que se menea alegremente con los corridos y marca el paso al ritmo de las cumbias.

Soy una que se prepara para la llegada de Santa Claus y la otra que rompe las piñatas en las posadas.

Soy una que siempre quiere estar a tiempo y la otra que siempre llega un poco tarde.

Soy una que interpreta a Serafina en "Rose Tattoo" por Tennessee Williams y la otra que se convierte en "La Siempreviva" en "Cada quien su vida" de Luis Basurto.

Soy una que le esculpe la cara a la calabaza para Halloween (víspera de los Santos) y la otra que limpia el sepulcro el día de los Muertos.

Soy una que compra alarmas de humo para proteger a mi familia y la otra que las desconecta, cuando nos vuelve locos, porque se quemó una tortilla.

Soy una que compra medicinas en la farmacia y la otra que se las traga con estafiate.

Soy una que aprecia a Beverly Sills en concierto y la otra que puede apreciar "The Poet and Peasant Overture" (La obertura del poeta y el campesino) tocada maravillosamente por un grupo de mariachis.

Soy una que se esfuerza mucho para hablar el inglés correctamente, observando las reglas gramaticales, y la otra *yo* que dice ¡qué *cute*! Y ¡Simón que *yes*!

Soy una que celebra el día de las madres el segundo domingo de mayo y la otra *yo* que lo celebra de nuevo el 10 de mayo.

Soy una que se emociona cuando ve la bandera roja, blanca y azul pasar y la otra que se exalta cuando ve la bandera de tres colores con el águila en el centro según marcha al ritmo de las cornetas.

El otro día estaba limpiando mi casa mientras cantaba esa canción popular por Nelson/Iglesias "To All the Girls I Loved Before." Mi esposo, quien no aprecia mi cantar (otra costumbre mexicana), me preguntó "¿Y quién eres tú, Willie o Julio?"

Que fabuloso, pensé, que TENGO la opción.

3

Mas Hechos, Mitos y Mitotes

La Educación: Nuestro Obstáculo Más Grande

La falta de educación es uno de los obstáculos más serios y más obvios para las latinas. "Intercambio femeniles," un periódico nacional en Berkeley, California, reportó en 1982 que solamente un 44 porciento de las latinas de veinte y cinco años o mayores tienen un diploma de escuela preparatoria y un mero 6 porciento ha completado cuatro o más años de universidad. En California, donde viven 2.24 millones de las latinas, el 50 porciento de latinas no terminan la escuela preparatoria. La pobreza, el embarazo de joven, el matrimonio y el deseo de empezar a trabajar son las fuentes de estos problemas, de acuerdo con las estadísticas.

Por Qué las Latinas Resisten la Educación

Hay muchos que dicen que la falta de ejemplares es lo que hace que las latinas no le den importancia a la educación. Esto es verdaderamente cierto, pero entonces nos preguntamos "¿Por qué no hay ejemplares?" No hay suficientes ejemplares porque muy pocas latinas continúan sus estudios, y de aquellas que continúan, sólo un porcentage muy pequeño completa los cuatro años de universidad.

Las latinas apenas terminan la escuela preparatoria. Si no terminan, ¿cómo van a lograr *entrar* a la universidad? ¿Cómo van a *completar* los estudios? De mucha importancia es saber, ¿a que punto en sus vidas las latinas empiezan a despreciar la educación y por qué? ¿Será cuando la maestra del kinder les dice que sólo pueden hablar inglés? O en cuarto grado, ¿cuándo las ABC's se convierten en ciencias sociales más difíciles? O en la escuela secundaria, ¿dónde ducharse en grupo es un requisito en los Estados Unidos? O quizás, en la escuela preparatoria, ¿dónde las tentaciones del sexo, el romance y el matrimonio son dominantes, como la necesidad de tener ropa, un carro y un trabajo para poder comprarlo todo?

¿Y qué? Estos y otros problemas que parecen no tener solución tienen que ser vencidos. Otros grupos tienen las mismas experiencias y se las arreglan de una manera u otra. El vencer situaciones desagradables hace a la persona más fuerte. El ir a la universidad no es como ir a una fiesta. La universidad no es un paseo, es una demanda. Son años de cursos difíciles, de competencia exigente, de estudiar muchas horas y de dificultad económica. Para aguantar todo esto durante cuatro años o más se necesita mucho *valor*.

Quizás las latinas rechazan la educación por la manera en que fueron acondicionadas durante sus años formativos. Se espera de ellas mucho trabajo en la casa. Aquellas que trabajan en el campo están todavía más agotadas. Cansadas, estas latinas llevan una actitud negativa a la escuela y no logran, excimirse como deben. Con estos desaires y la falta de apoyo familiar las latinas tienen que lograr esto solas—una misión para heroínas.

Sin embargo, las latinas se tienen que dar cuenta que si quieren tener éxito en la sociedad educada—tendrán que ser fuertes, atreverse a ser diferentes e ignorar los obstáculos de su ambiente. María, quién fue la líder de su cuadra en el barrio y ahora es abogada en Denver, recuerda como fue tratada cuando iba a su casa durante las vacaciones de semestre:

> Mis amigos y familiares me evadían y me trataban como si ya no perteneciera al grupo.

Irene de Texas dice:

> Cuando vine a casa con mi doctorado, no hubo uno que me felicitara. La actitud de mi familia fue "¿Y qué?" Mi madre me preguntó por qué seguía tratando de alcanzar las estrellas.

La educación es una tarea seria. Desde antes del kinder, todo niño latino necesita apoyo y motivación para lograr. Los padres latinos tienen que ofrecer este apoyo y motivación. Ellos tienen que compartir con sus hijos el proceso educacional desde el primer día, para que sus hijos sobresalgan en la escuela. No cabe duda que es difícil, emocionalmente y psicológicamente, el participar en actividades cuando no sabes de donde va a venir tu próxima comida. A pesar de eso, la educación es la solución a la pobreza cíclica y las latinas en particular tienen que concentrarse en la solución y ¡no en el problema!

Podemos comenzar aceptando, verdaderamente, la gran importancia que tiene la educación, extrayendo y usando energía de adentro, adoptando la actitud "Lo voy a lograr" y proponiendo metas personales y normas de ejecución.

Yo quería irme de la escuela cuando estaba en el kinder porque la maestra me dijo que no podía hablar español en la escuela. "Pero," le dije, "Yo sólo se español." Me dijo que no hablara al no ser que fuera en inglés y me puso atrás en el salón. Cuando llegué a casa, anuncié solemnemente que me iba a ir de la escuela. Mi familia se rió, y me dijeron que la policía me agarraría. En cuanto oí la palabra *policía* me imaginé la cárcel y el nunca más poder jugar en el carrusel de la escuela. Así es que regresé, resignada que aunque no podía hablar español, por lo menos podía jugar en el carrusel.

Seis meses más tarde, cuando ya estaba aburrida del carrusel, fui a casa y dije de nuevo, "La escuela es aburrida. Me voy a ir." La familia se rió de nuevo, y agregaron: "O te quedas en la escuela o te vas a trabajar en el campo con tu tío." Bueno, hasta una niña de seis años sabe bien la diferencia entre un trabajo de campo, que desloma, catorce horas diarias y un horario de cuatro horas de juegos y canciones. De vuelta a la escuela.

Claro que estaba aburrida. Estaba tercamente sentada atrás en el salón, rehusando participar. En realidad *podía* hablar inglés, sólo prefería hablar español porque me era natural y más cómodo. Y además, ¿por qué hablar inglés, solamente porque la maestra había dicho que tenía que hacerlo?

Por fin, cuando me cansé de estar aburrida y de jugar en el carrusel, dejé salir el torrente de inglés que sabía pero que tercamente no hablaba y me hice parte de mi clase. Pero aún no he perdonado al sistema escolar por haberme robado la fluidez del habla en español. Si pudiera meterles un pleito por cometer tal infracción, lo haría.

¿Supongamos que mi familia hubiera aceptado mi malacrianza y me hubiera dejado irme de la escuela e ir a trabajar a los campos? Podía haber sucedido muy fácilmente. Es más, sucede muy a menudo en nuestra cultura. Yo le tengo que estar sumamente agradecida a mi familia por haberme obligado a *quedar* en la escuela.

En 1990, el Secretario de Educación de los Estados Unidos, Lauro F. Cavazos, el primer hispano miembro del gabinete en la historia de nuestra nación, dijo, "Lo que los hispanos y todos los niños necesitan hoy en día son padres y maestros que se interesen por ellos. La educación tiene que empezar en la casa." Mas tarde, en un periódico llamado *The Fresno Bee* él dijo, "Los padres hispanos son los que se deben de culpar por el número tan grande de niños que se van de la escuela y esto puede causarle lamentables consecuencias a la economía de los Estados Unidos."

El comentario del señor Cavazos es comprobado por el valor de la latina Rosita, quien trabajó durante muchos años como empleada de una oficina escolar:

Me consta que los padres hispanos no tratan de mantener a sus hijos en la escuela. Yo los llamo y los llamo para que manden a los niños a la escuela, y no lo hacen. Me dicen que tienen muchos problemas. ¡Las ausencias de los niños hispanos son una epidemia! Cuando yo estaba criando a mis cinco hijos también tenía problemas, pero yo los mandaba a la escuela pasara lo que pasara. No importaba si mi esposo llegaba a la casa borracho y formaba pleito toda la noche; no importaba si me pegaba; no importaba si no había comida en la casa; no importaba si las cuentas no estaban pagadas—no importaba lo que fuera el problema, mis hijos iban a la escuela a diario.

Lo que todo esto significa es que:

Uno pierde el derecho a la oportunidad de tener una vida llena cuando no hace lo posible por aprender. Cuando tú pones el mínimo esfuerzo, recibes lo mínimo de vuelta. Aún con los mejores ejemplos de tus padres y los mejores esfuerzos de tus maestros, al final de la jornada es tu trabajo el que determina cuanto y que bien aprendes. Cuando pones el máximo esfuerzo, puedes esperar obtener la sabiduría y habilidades que te permitirán crear tu propio futuro y controlar tu destino. Si no, tu futuro será controlado por otros. Hazte cargo de tu vida, usa tu ingenio, se dedicada y disciplinada en tu trabajo. Ten altas expectativas y convierte cada reto en una oportunidad.

—de *A Nation at Risk* ("Una nación en peligro") por la Comisión Nacional de Excelencia en la Educación.

El Sueño Hispano

Todos hemos oído las palabras "the American dream" (el sueño americano) una y otra vez. Pero, ¿qué es lo que significan? El sueño americano empieza con una buena educación y termina con un puesto bien pagado. El ser educado y trabajando bien significa dinero, una casa, un carro, vacaciones, diversiones, cuidado de la salud y una jubilación asegurada. El sueño hispano debe de ser el mismo.

La educación nos trae muchas recompensas, la mejor de ellas siendo lo que podemos ganar. Una estadística muy alarmante es que para el año 2065, el promedio de sueldo será $176,000 al año. ¿Se pueden imaginar el que sus hijos ganen ese sueldo? ¿Tendrán ellos la educación que necesitarán para ganar ese sueldo básico y tener las habilidades para poder competir? Es mejor que nos ocupemos de que las tengan o serán pobres.

Por ahora, tú, como mujer, puedes obtener tu educación y la autonomía que viene con ella. ¡Nunca han sido tan fantásticas las oportunidades para las mujeres en la historia de América! Hoy en día hay más mujeres que hombres en las universidades y lo mismo será en el futuro. La mayoría de los trabajadores son mujeres. Estén casadas o solteras, las mujeres se están haciendo responsables por su propio apoyo financiero. Las mujeres se están comprando sus propios carros, casas, muebles y obteniendo sus tarjetas de crédito. Una cantidad enorme de negocios han sido empezados y efectuados con éxito por mujeres en todas partes.

Otro fenómeno atraedor que debemos considerar es que la "nueva onda de vida" (el vivir vidas más largas y más saludables) significa que podemos ejercer más de una carrera en nuestra vida. Ya hay muchos hombres y mujeres que han cambiado de carrera tres y cuatro veces. Uno puede empezar o cambiar de carrera a cualquier edad. Si te has casado de joven y has tenido a tus niños temprano, por ejemplo, puede ser que a los cuarenta años ya hayas terminado de criarlos. Si vives hasta por lo menos los setenta años, tienes muchos años para hacer algo significativo.

Crean me, no hay nada como la educación para darles una posición y poder. Saber *es* poder. Por ejemplo, piensen en este trozo pequeño de información incontestable que se enseña desde el cuarto grado: *La esperma masculina determina el genero del infante.* ¿Por qué saco este dato en particular? Porque hace siglos que las mujeres habían sido degradadas, divorciadas, destronadas, exiliadas, torturadas, aún matadas porque dieron a luz a las niñas. Por siglos, aún hoy, los hombres, especialmente los machos, las culpaban a las mujeres ¡cuando son *ellos* quienes tienen las pistola vacia! Muchas veces me pongo a pensar que poder tremendo habran tenido las mujeres si hubieran sabido este dato antes. Es oportuno a que las mujeres, madres e hijas juntas, usen este conocimiento poderoso para quitar se la culpa y ponerla donde debe estar.

¿Qué es lo que prueba todo esto? Prueba que las mujeres pueden hacer lo que quieren y pueden tener éxito. No tienen que resignarse a casarse jóvenes, tener una familia grande, depender de los hombres, ni a aguantarlos. La oportunidad de que el sueño hispano se realice es verdadera.

Es verdadera por lo menos para las mujeres valientes.

Los Obstáculos Culturales Que Nos Dificultan Establecer Metas y Programar Nuestras Vidas

El establecimiento de metas. Estas palabras son importantísimas. El establecer metas es algo de lo cual no se habla mucho en la cultura latina. La primera vez que yo oí hablar de esto fue en la universidad y el concepto me desconcertó porque ni siquiera entendía lo que las palabras querían decir. Cuando mis colegas en la universidad me preguntaban cual era mi meta, yo les respondía cándidamente, "En realidad no tengo una." Mis colegas me miraban como diciéndome, "Mira, no seas tonta, ¡todo el mundo tiene una meta en esta vida." Al fin y al cabo, yo tenía veinte y ocho años.

De lo que muy pronto me enteré fue que casi *todo el mundo* en la universidad tenía objetivos determinados y planes para la vida. Yo, sin embargo, venía de un pueblo pequeño a trabajar en la gran universidad mientras mi esposo estudiaba leyes. Yo no estaba trabajando para mí.

Ahora me doy cuenta que mi trabajo tenía un fin, así como lo tenía la idea de mi esposo de estudiar leyes. El caso es que ninguno de los dos pensamos que nuestras ideas eran metas, ni habíamos pensado como las íbamos a lograr. Un día dijo, "Quiero ir a Los Angeles a estudiar leyes." Yo le dije, "Muy bien, encontraré un trabajo mientras que estudias." Sin darnos cuenta, estábamos en Los Angeles.

Me pregunté un millón de veces si en alguna parte yo había oído hablar del concepto de establecer metas. ¿En casa? ¿En la escuela elemental? ¿En la escuela secundaria? ¿En la escuela preparatoria? Pues no, no recuerdo haber oído hablar de eso. Mientras más pensaba sobre el establecimiento de metas y en planear la vida, más quedaba convencida que nunca en mi juventud había oído esas palabras. Si las había oído, definitivamente no me impresionaron mucho, quizás porque pensé que no tenían que ver conmigo. Aún de adulta tuve problemas aceptando el concepto. Durante un ejercicio de como establecer metas en una clase de desarrollo personal, me preguntaron donde y como me veía yo en cinco años. Mi primera reacción fue, "Que absurdo. Nadie sabe donde estará en cinco años."

A mi nunca me enseñaron a hacer planes por adelantado. De niña cuando le preguntaba a mi mamá si íbamos a hacer algo en tal fecha, invariablemente me respondía, "Si Dios quiere." Nuestra familia nunca hacía planes por adelantado. Siempre era lo mismo "Vamos a ver," "*Si* tenemos suficiente dinero," "*Si* el tiempo está bueno," y, por supuesto, el decimo primer mandamiento "*Si Dios quiere.*"

Lo único que planeábamos era lo que se iba a cocinar durante un día festivo—cuantos pollos teníamos que agarrar, matar, preparar y cocinar para hacer pollo con mole; cuantos kilos de papas teníamos que pelar para hacer ensalada; cuantos barrilitos de cerveza teníamos que ordenar. Me supongo que recuerdo todo esto tan bien pues siendo la más pequeña tenía que agarrar los pollos. Lo lógico, yo creo, era que yo estaba más cerca de la tierra. Mi hermana mayor tenía que torcerles el cuello y cortarles la cabeza con un hacha. El trabajo de quitar las plumas y limpiar por dentro a esos pollos apestosos lo hacían las cinco niñas.

Esas metas de corto plazo como planear para los días festivos, el celebrar fechas religiosas y el prepararnos para la escuela en septiembre eran fáciles de lograr. Por alguna razón nunca se nos ocurrió aplicar esas técnicas de hacer planes para obtener metas de plazo largo, como un futuro mejor.

Sin embargo, tenía algo a mi favor, y eso era mi sueño de tener cosas más grandes y mejores, de tener una posición social, seguridad económica y felicidad. Como se me metieron esas cosas a la cabeza no tengo idea. Yo sólo sabía que la vida tendría que ser incitante y llena. Recuerdo haber vuelto loca a mi madre pidiéndole lo que ella había denominado imposible—un libro de cuentos, patines, una caja de sorpresas. Cuando le pedía una de estas cosas me decía, "Pides demasiado. Debías de haber nacido una reina; así podrías pedir todo lo que quieres." Bueno, nunca tuve nada de lo que pedí, pero el título de reina me sonaba bien.

El soñar era para mi establecer metas, el planear mi vida, y el empeño de una posición social. Si mientras yo estaba soñando hubiera tenido las técnicas de como planear mi vida, este libro se hubiera escrito mucho antes.

Ahora se que el establecer metas y el planear el futuro son habilidades aprendidas que le cambian la vida a uno. Estas habilidades nos dan el control de nuestra vida, forman nuestros deseos y los hacen realidad; hacen que las cosas sucedan en vez de arriesgarnos a que quizás no sucedan.

Las latinas tienen que aprender como hacer planes para la vida, o se la pasarán luchando para no ahogarse. La vida se les pasará como a muchas. "Pensé hacer esto o lo otro," fue la respuesta que oí de muchas latinas que entrevisté "pero nunca enfoqué en una dirección." Otras dijeron tristemente, "Quisiera tener algo mío. Ahora que los niños ya están casi grandes, veo por delante muchos años sin nada que hacer." Y otras que necesitaban desahogarse, lloraron con lágrimas amargas y compadeciéndose a sí mismas diciendo, "Estoy cansada de ser pobre, gorda y fea. Quiero algo para mí. Pero aún cuando pienso sobre ésto, no sé que es lo que quiero o como obtenerlo. A veces pienso que de todas formas ya es muy tarde."

Tu Posición Social Es Tu Derecho

La posición social es algo que las latinas tienen que demandar en *todo* aspecto de sus vidas, desde como viven hasta que tipo de trabajos tienen, cuanto ganan y como se ven a sí mismas. ¿Por qué? Porque una buena posición social es necesaria para el amor propio. Cuando tu posición social es agradable, estás orgullosa de quien eres, de lo que haces, de lo que tienes y hasta de con quien andas. El resultado es que te sientes bien. No tiene nada de malo estar orgullosa de tí misma y de tus logros, siempre que no te vuelvas una presumida.

El tener una situación social buena significa vivir bien y el que otros reconozcan tu potencial y tus méritos. Todos debemos poder gozar una posición social. Nos hace sentir dignas y le dice al mundo entero, "Estoy viviendo una vida abundante."

Por favor, mujeres. El tener posición social significa ser reconocida y sentirse realizada. El sentirse realizada viene de adentro; el ser reconocida nos viene de afuera. El querer ser reconocida por nuestros méritos es natural. Es tan natural como la necesidad universal de tener comida, casa, amor y pertenecer y no tiene nada absolutamente que ver con querer ser una persona únicamente interesada en "ser notada." El comprender la importanica de todas estas necesidades humanas nos ayuda a vivir una vida mejor. Crean lo que crean las latinas, la posición social no es sinónimo con ser presumida. El que piensa así cree que está mal buscar una posición social. Esta actitud negativa nos derrota. Por ejemplo, una latina quiere comprarse unos muebles "elegantes" para la sala. Tiene el dinero. Ha encontrado los muebles que le gustan y quiere, pero no los compra porque cree que la familia y los amigos la van a llamar esnob. Como su propia actitud hacia la "posición social" ha sido perjudicada, se olvida de los muebles que le gustan y se conforma con otros más conservadores. Ella ha derrotado su propia meta.

Hay una diferencia muy grande en tener cosas porque de verdad las quieres y las necesitas y tenerlas porque quieres impresionar a otros. En algún momento en nuestras vidas, en nuestro capullo, nos han convencido que el querer buenas casas en buenos vecindarios, carros nuevos, dinero y "cosas" en general es un pecado. Mientras que la iglesia católica es la que más nos ha mantenido "humildes y pobres" al igual que "felices y dóciles," nuestra propia *gente* también critica a aquellos de nosotros que aspiramos a tener mejores cosas en la vida. Los que nos atrevemos a gozar los logros materiales somos castigados con, "¿estás tratando de ser anglo?" ¡Pero el hecho de que goces tu éxito material no quiere decir que te has cambiado de bando!

¿Qué es tan sagrado o tan chicano de vivir en condiciones apretadas o en la eterna pobreza? ¿De verdad quiere la latina vivir toda su vida en condiciones subnormales en vecindarios viejos y gastados donde el crimen, el vandalismo y las pandillas son rampantes? ¿Quién dice que las latinas no quieren o no merecen casas adecuadas y atractivas con todas las comodidades modernas y lujosas? ¿Por qué las latinas deben de permitirle a las instituciones o a su propia cultura que aplasten sus sueños, que dicten sus necesidades, que trastornen sus visiones de como *ellas* quieren vivir? ¿Por qué no se merecen las latinas vivir tan confortables como las mujeres anglo?

Mis propias experiencias reflejan estas actitudes innatas sobre las cosas materiales. No me fue fácil deshacerme de ellas. Cuando mi esposo y yo éramos novios yo le dije que quería una casa de cuatro recámaras y tres baños y él me contesto, "¡Qué locura! Nadie tiene una casa de cuatro recámaras y tres baños." No tomándome muy en serio añadió, "Además, nos perderíamos en ella." ¿Cómo se me metió a mi en la cabeza pedir tal mansión? ¿Cómo pudo él pensar que era imposible obtener tal casa?

Aún con cosas pequeñas, mi actitud era que no me las merecía. Durante muchos años mi esposo me dijo que lo que no tenía, no necesitaba, y yo le creí. Casi todas nuestras cosas para la casa las comprábamos de segunda mano. (Yo estaba bien equipada también. Mi camioneta Ford tenía un sello que decía: "Este carro para en todas las segundas.") Cuando le decía a mi esposo que quería algo nuevo y bonito, empezaba con su propaganda cultural. "Has vivido todo este tiempo sin eso, ¿por qué lo quieres ahora?" No fue hasta muchos años más tarde que tuve el *valor* de decirle, "Ya sé que no lo necesito y sé que puedo vivir sin eso. Pero me vale, lo quiero y lo voy a comprar." Y finalmente, lo hice.

El manejar carros viejos y feos apoya nuestras creencias no materialistas. No sólo los carros viejos no nos ayudan a tener amor propio, pero también hay que considerar un problema muy grande. ¡Los carros viejos no son seguros! Un estudio en Colorado mostró que los accidentes fatales de carro son una de las mayores causas de muertes entre los latinos y que el uso de automóviles viejos es el factor principal. Si podemos sobrepasar nuestra terquedad de comprar automóviles nuevos, quizás algunos de nosotros vivamos más tiempo. ¿Por qué insistimos en arreglar las "cucarachas" viejas una y otra vez? Como diría mi esposo, "Porque es más barato arreglarlas que comprar una nueva." ¿Y qué me dicen del costo de morir? Me da vergüenza escribir sobre el montón de carros viejos que yo he manejado en mi vida. Como mi esposo, me fue difícil cambiar mi manera de pensar y comprarme un carro elegante y que funcionara bien. Después de todo, la basura que manejé le era aceptable a mi familia y mis amigos. Todo el mundo manejaba carcajos. El manejar un carro brillante y nuevo hubiera sido ser "diferente," y, aún peor, materialista.

4

Matrimonio a la Chicana

El matrimonio es la cosa que las latinas más anticipan con alegría. Esto es comprensible por la manera en que han sido acondicionadas. "Cuando te cases . . ." es el sermón que oyen a diario toda la vida. Aprende a cocinar, planchar, lavar, cocer, manejar la casa y cuidar a los niños para que estés lista cuando te cases. Se económica, levántate temprano, cuida a tus hermanos y atiende y sirve a tu papá para que cuando te cases lo hagas bien. No seas floja, no protestes, no pidas nada porque cuando te cases, tu marido se puede enojar. "Cuando te cases . . ." ama a tu esposo como si fuera un rey y será bueno contigo. "Cuando te cases . . ." vivirás feliz toda tu vida. Los sermones de "cuando-te-cases" son interminables.

Bettina R. Flores

En el Camino con la Tradición

Las bodas son importantes para las latinas—mientras más grandes, mejor. No es raro ver un cortejo de ocho parejas o más. Una vez asistí a una boda con *veinte* parejas de acompañantes. ¡La familia de la novia, seis hermanas y tres hermanos, más todos los tíos y tías formaban parte del cortejo!

Hasta este día, recuerdo a la ingenua novia de dieciocho años que dijo que había incluído a todo el mundo en su boda para que nadie se sintiera rechazado. Mientras estaba haciendo planes para su boda, los miembros de su familia inmediata no se estaban llevando bien. Ella pensó que si invitaba a todo el mundo a que fuera parte de su boda, su familia se distraería de los problemas y todo se arreglaría.

Confesó que ella y su novio querían una boda pequeña, tranquila y en civil pero cuando le mencionó estos planes a la familia lo que oyó fue, "Tú no puedes hacer eso. Tienes que casarte en la iglesia, llevar un traje blanco, tener una recepción con comida y baile. Tienes que hacer las cosas bien para que todo el mundo sepa de tu boda y que siempre la recuerden."

Les explicó que ella y su novio habían decidido no tener una boda grande—pensando que era malgastar el dinero—y habían decidido en vez usar ese dinero para comprar muebles. Pero las *dos* familias insistieron que se casaran en forma tradicional y ella y su novio se quedaron sin la fuerza moral o el *valor* de protestar. La novia dijo, "No pude luchar contra todos."

¿Podrán Ser Verdaderamente Libres las Latinas Algún Día?

Las latinas se casan muy jovencitas. La actitud cultural—mientras más pronto mejor—está basada en el mito de que la vida empieza y culmina con el matrimonio. Lo peor de todo, es que la latina ni se imagina que existe otra cosa más allá del matrimonio. Ella va directamente del dominio de su padre al dominio de su marido sin practicamente tener tiempo para ella misma. Se le ha negado la libertad personal de explorar los potenciales que Dios le ha dado.

El casarse joven es común, aceptable, aprobado y basado en la historia. A los quince años María, sin saberlo, se casó con un hombre ya casado. El matrimonio se disolvió y se volvió a casar a los dieciséis años. Su relato . . .

Tengo nueve tías y tíos del lado de mi mamá y siete del lado de mi papá. Entre todos mis parientes, nunca vi una vida de casada que pudiera admirar. Mi abuela se casó a los once años e inmediatamente tuvo dos niños. Su marido la dejó, se volvió a casar y tuvo quince niños más.

La recompensa por postergar el matrimonio es, básicamente, la libertad. Si una latina se gradúa de la escuela preparatoria a los dieciocho años y no se casa hasta los veinte y cuatro o más tarde, ella tendrá seis años de análisis personal y desarrollo personal. Durante este período de "yo" ella podría aprender sobre sí misma—que le gusta y que no le gusta. Puede probar si le gusta el colegio, la educación para adultos o cursos de correspondencia. Puede probar varios trabajos para ganar y gastar el dinero en sí misma. Puede hacerse miembro de clubs, atender conferencias y viajar. Puede educarse a sí misma, estudiar tipos de libros que le interesan, subscribirse a revistas y leer varios periódicos al día. Podría volverse activa en la política, fomentar amistades con latinas u otras, tener relaciones con hombres, platónicas o de otro tipo. ¡Puede hacer lo que se le de la gana! No hay nada malo en emplear tiempo en uno mismo. No es ser egoísta o concentrado en sí mismo; *es quererse a uno mismo*. Es fundamentalmente esencial "conocerse a sí mismo" y ser dueña de uno mismo, antes de poderle ser de valor a otros.

El período de "yo" es un intervalo del crecimiento personal. Cuando la mente está abierta y receptiva, la entrada de ideas nuevas es algo milagroso. Nuevas experiencias e información estimulan nuevas actitudes y creencias. Como resultado, es más fácil dejar "la antigua manera de pensar."

Es de una importancia suprema el que las latinas ACTUEN. Encuéntrate a tí misma—la persona que de verdad *quieres* ser, y no la que *deberías* de ser—y hazlo *antes* de comprometerte al impedimento de un matrimonio. Como cualquier mujer casada puede comprobar, una vez que estás casada, tu tiempo ya no es tuyo. Puedes perder la oportunidad de encontrarte a tí misma para siempre.

Matrimonio o Nada

Hay razones para casarse, pero éstas no deben de incluir:

Quiero irme de mi casa.

Estoy embarazada.

Me estoy poniendo vieja.

Todo el mundo está casado.

Tengo ganas.

Tengo ganas de una boda.

Mamá quiere que me case.

Todas mis amigas están casadas.

El tiene un buen trabajo y me puede mantener.

No voy a encontrar a alguien mejor.

El es suficientemente bueno.

Estoy cansada de ser soltera.

Quiero un bebito para cuidar.

Quiero tener relaciones sexuales.

Quiero a un hombre, punto.

Sin embargo, si te casas por cualquiera de las razones que mencioné, probablemente te arrepientas pronto. Es casi seguro que serás desdichada y querrás deshacerte de tu matrimonio.

Si eres una latina cuyas actitudes y creencias reflejan la cultura tradicional, no podrás deshacerte del matrimonio por muchas razones:

Primero, no reconoces el problema, y mucho menos puedes admitírtelo.

Segundo, piensas que si discutes el problema van a creerte egoísta y concentrada en tí misma.

Tercero, sabes que nadie más, especialmente tu familia, está interesado en tu problema. No está bien que le cuentes tus problemas a otros.

Cuarto, viste a tu mamá aguantar mucho más, así es que no te atreves a quejarte.

Quinto, te han enseñado, "Esa es tu cruz, y ahora la cargas." Y silenciosamente, por favor.

Sexto, no tienes dinero ni a donde ir.

Séptimo, no tienes trabajo ni habilidades para trabajar.

Octavo, le tienes miedo a tu esposo.

Noveno, le prometiste a la iglesia que te quedarías casada para siempre.

Décimo, piensas tan poco de tí misma que tu felicidad no te es suficientemente importante para demandar un cambio.

Tú, como mujer latina tradicional, has sido acondicionada, endoctrinada, manipulada y clavada a la cruz como Cristo mismo, para sufrir y aguantar una vida de sacrificio.

La Santita—También Conocida como la Mujer Invisible

La mujer casada que ha aspirado a ser como Cristo se le llama "La santita." Todas la conocemos, ¿no es así? Ella es la súper latina a quien todo el mundo *pretende* admirar. Ella es la que mantiene a la familia unida, sirve a su esposo y familia veinte y cuatro horas al día y perdona el comportamiento de su esposo, aún cuando le pega o se gasta todo el salario de la familia. Y ella nunca se queja. ¿Lo has oído antes?

"La santita" se asegura de que todas las necesidades de otros están satisfechas, mientras que descuida las suyas. En la superficie ella aparenta una fortaleza física, psicológica y emocional, pero viéndola de cerca sus ojos y las líneas de su cara enseñan su cansancio y su carga secreta. "La santita" aparenta ser feliz. Si un día ella se siente triste, ella lo atribuye a su disposición de ánimo y no se lo menciona a nadie. Ella va a la iglesia y participa en sus actividades. Desde el momento en que se levanta hasta su último suspiro de cansancio a la noche ella sirve a todos. Cuando está deprimida, nadie lo sabe, especialmente ella misma. Ella acepta la vida tal como es, creyendo que su condición y su situación son normales. Su vida es una de sacrificio y casi esclavitud. Se parece más a la criada que a la señora de la casa.

Todos conocemos a muchas "santitas." Las tenemos muy cerca. Ellas son nuestras madres, hermanas, tías, primas y amigas que no ven que el papel de "La santita" les hace daño y les destruye. Es un martirio que sofoca todas las oportunidades de un desarrollo personal. Además, le proyecta a los niños y a las niñas un ejemplo negativo y estereotípico.

Aunque les tengo un poco de simpatía a las "santitas," más que nada, ¡estoy disgustada y enfadada! Cuando veo lo que les está pasando (especialmente a las más jóvenes) quiero sacudirlas y gritarles, "Mira, ¿no ves lo que te está pasando? ¡Tú no naciste para ser esclava! ¡Haz algo! ¡Cambia!"

Pero sabemos por qué no puede cambiar. Todos esos años de acondicionamiento cultural la mantienen en su sitio. Bueno, si ella no cambia, otras cambiarán.

Un amigo mío latino se casó con una mujer anglo quien murió en un accidente de carro. A los pocos años se volvió a casar con otra mujer anglo. Le pregunté era por qué se casaba con anglos y me contestó, "Mi mamá era una santita." El tenía miedo que si se casaba con una latina ella sería igual que su madre. Dijo que amaba a su madre pero que no la respetaba. Cuando había un problema en la casa él recuerda haberle preguntado a su madre, "Mamá, ¿por qué dejas que papá te haga eso?" Y ella contestó, "Pues, mi hijo, ¿qué puedo hacer?" "Me dio lástima," me dijo. "Ella no podía desprenderse de su papel porque tenía miedo de contradecir su posición tradicional. Estoy seguro que era más que nada miedo e ignorancia." El describió a su mamá como el tipo de la Virgen María—pura, dulce, ingenua. "Pero," él recalcó, "No quería casarme con una latina tradicional, para que repitiera el papel de mi madre."

La Armadura del Machismo y la Rendición de la Latina

El machismo es excesivo en el matrimonio latino. El machismo es esa fuerza penetrante que mantiene a la latina "en su lugar." A veces el machismo no es sutil. Puede ser una cachetada, un puñetazo en la quijada o una patada en el estómago. El machismo es la influencia psíquica falsa del marido latino que dice "Aquí mando yo." El machismo es parte integral del varón latino. Casi nunca opera sin él. Los varones machos quieren dominar. Ellos quieren todas sus necesidades—físicas, emocionales, psicológicas y espirituales—atendidas constantemente por "su mujer." Estar casada con un varón macho es como ser esclava de un rey. Las actitudes machistas se extienden desde la cocina a la recámara y a los niños; ellas persisten sin cambiar de generación en generación.

Desde el día en que la latina empieza su papel como esposa, ella está subyugada por el machismo. Ella lleva a cabo su trabajo en la casa sin ayuda de su esposo. Ella prepara sus comidas, lava su ropa y maneja su casa. Cuando su marido llega a la casa del trabajo, ella siempre está esperándolo y con la comida lista. Si ella también está empleada, ella se apura para llegar a casa y servirle a él. Ella está desesperada por su aprobación.

El machismo le da al hombre una posición privilegiada. En la cultura latina, la esposa tradicional siempre tiene que estar en su casa, esperando que su esposo llegue del trabajo. Si no está, él exigirá saber por qué no. El gritará y se enfurecerá como si hubiera cometido un crimen. Enojado, le recordará que ella tiene que estar allí esperándolo.

El también le dice que no puede ir a ninguna parte durante el día sin tener primero su permiso. La latina acepta humildemente la autoridad de su esposo, y el ciclo de control/obediencia comienza.

Los esposos machos son malditos, celosos y posesivos. Para cubrir sus inseguridades y celos, ellos agobian a sus esposas inculcándoles miedo. Linda, casada a los diez y nueve años, por ejemplo, lo vivió todo:

> Desde el primer día de nuestro matrimonio mi esposo me sentó y me dijo lo que podía y lo que no podía hacer. No podía ir a ningún lugar o hacer algo sin su permiso.
>
> Yo no comprendí su actitud. Quería complacerlo. Yo era joven y estaba muy enamorada, así es que hacía todo lo que él me decía.
>
> Pero no podía ni ir a tomar café con mis vecinos. Varias veces me llamó durante el día y no me encontró en la casa y ¡en el lío que me metí! Cuando amigos o parientes venían a visitarme, de nuevo me metía en un lío. Inclusive puso un letrero en la puerta que decía, "No se permiten visitas."

Lo dejé que gobernara mi vida durante veinte y siete años antes de tener el *valor* de divorciarme.

Somos testigos a la armadura del machismo y al rendimiento de la latina una y otra vez. El cuadro diario clásico: Sara está preparando la cena, balanceando a un bebito en su brazo izquierdo mientras revuelve la sopa con el derecho. Mario está apoyado en el fregadero de la cocina contándole a Sara sobre su día. El camina hacia la mesa de la cocina, se sienta y dice, "Sara tráeme un vaso de agua." Sara automáticamente pone la cuchara en el mostrador, vuelve a balancear al bebé, va al aparador por un vaso, lo llena de agua y se lo lleva a Mario.

¿Por qué no se le ocurrió a Mario agarrar su propio vaso de agua ya que Sara estaba ocupada? ¿Por qué no se le ocurrió a Sara decirle a Mario que agarrara su propio vaso de agua? Obviamente los dos están interpretando sus papeles tradicionales. El ordena; ella obedece.

La mujer latina está entrenada a aceptar el programa del machismo de su esposo de "dame ésto," "tráeme eso," "hazme ésto," "dame de comer," "vámonos." ¡Sus órdenes la plagan veinte y cuatro horas al día, todos los días de su vida! Ella está programada a obedecer sus órdenes.

Cuando las latinas "aceptan el machismo" ellas les están enseñando a sus hijos que el machismo es aceptable y adecuado. Recuerdo una visita con una de mis amigas como a las 5:30 de la tarde:

Jugábamos a los "caballitos" con sus dos niñitas cuando llegó su esposo. Mi amiga rápidamente sacó a su niña de sobre su espalda, pero la niña, pensando que todavía estábamos jugando, se le volvió a subir.

Mi amiga gritó, "Desmóntate, llegó tu papá." Pero
la niña se le pegó al cuello aún más. Enojada, mi amiga
le gritó más alto, "De veras te digo que te desmontes;
tengo que servir a tu papá," y le dio un tirón a su hija
para desmontarla. Dejando a la niña llorando, mi amiga
le dio un beso grande a su marido y dijo, "Tengo tu
comida lista."

Su marido no tuvo que decir ni una palabra. Su proceder y la
manera en que entró lo decían todo. No más tuvo que entrar,
esperar (no mucho tiempo) y tuvo a su esposa justo como la quería,
locamente cariñosa con él. Que manera de rebajarse, para mi amiga
y su hija, el estar enredados con este machismo. ¡Qué cobarde
somos de caer presas a hombres así!

¿Qué pasa cuando la latina se enferma? ¿El marido deja atrás
el machismo por un tiempo? ¿La cuida? ¿Se compadece de ella?
¿Le envía flores? ¿La llama del trabajo?

Raramente.

Una latina no se atreve a estar enferma. Ella sabe que tiene
que seguir sirviendo a su esposo y a su familia sin interrupción
porque ellos así lo esperan. En su mente, ella no es lo suficientemente importante para estar enferma. Así esté enferma o saludable, su vida está dictada por el machismo. Cuando da a luz a un
niño y todavía no se siente bien, ella sigue adelante como si el
cuidado del recién nacido no aumentara su carga. No importa si
está rendida, emocionalmente agotada o físicamente enferma; ella
acepta su miseria como algo normal, rehusando a protestar o pedir
ayuda.

Personalmente, yo he sido más o menos ese tipo de heroína.
Una semana después del nacimiento de mi tercer hijo (tenía treinta
años), estaba buscando un trabajo. ¡Qué ridículo! No cabía en mi

ropa; pero me compré un traje dos tallas más grandes, me maquillé y pretendí que estaba lista para trabajar.

Me sentía horrible. Me dolían los puntos de la episiotomía. Parecía que mi pecho eran dos globos de dos toneladas y me sentía terriblemente insegura de mí misma. Sin poder aceptar la culpabilidad de dejar a mi recién nacido con otra persona lo llevé conmigo a las entrevistas. Mentalmente estaba destruída.

Mi esposo no notó nada de ésto, por supuesto, y yo no lo mencioné. Ni una vez dijo, "¿Estás segura de que estás bien?" O, "¿Te sientes lista tan pronto?" O, "¿Cómo te las vas a arreglar?" Mi esposo no me dijo en muchas palabras que tenía que regresar al trabajo inmediatamente, pero sus preocupaciones con nuestros asuntos monetarios me oprimían.

Reflexionando, pienso, "¿Por qué no me admití a mí misma que no estaba lista, físicamente o de cualquier otra forma, para enfrentarme al mundo del trabajo? ¿Por qué no tuve el *valor* de decirle a mi esposo, no puedo regresar al trabajo todavía? Tendremos que buscar otros medios que nos ayuden hasta que yo pueda." Respuesta: Yo estaba culturalmente encadenada y con demasiadas ganas de complacer.

Aún bajo circunstancias normales, los años de parto son duros para una latina. Ella sola se ocupa del cuidado de los bebitos veinte y cuatro horas al día, mientras que su esposo continúa con su insistencia machista para que le sirvan la comida, le laven la ropa y le atiendan personalmente.

Muchas latinas pobres tienen que cumplir con un machismo extremado teniendo que obedecer a sus esposos sin considerar las circunstancias. Cuando yo era una niñita que recogía uvas en el calor de más de 100 grados del Valle de San Joaquín en California, vi a muchas latinas recogiendo de rodillas, arrastrando a sus recién nacidos en pequeñas cestas.

Un día vi algo mucho peor. Oí un llanto que venía de un carro estacionado y fui a investigar. Era un recién nacido, rojo como una remolacha, empapado en sudor, mordiéndose su puñito y gritando a todo pulmón. No había nadie en los alrededores. Lo habían dejado en el carro, creí, mientras la mamá trabajaba. Por el olor, hacía varias horas que no había sido atendido. Lo cambié, lo bañé con una esponja y busqué inútilmente un pomo. Sin poder encontrar uno, consolé al infante un rato y lo volví a acostar. Era lo mejor que una niña de seis años podía hacer. Hasta hoy en día me pregunto si ese bebito sobrevivió el verano. No puedo creer que una madre lleve a su recién nacido al campo y lo deje solo voluntariamente en un carro en más de 100 grados de temperatura. A veces me pregunto si alguien la ordenó que lo hiciera.

El ejemplo clásico del machismo ocurre cuando el marido no está en la casa. El hijo mayor asume la posición del padre casi instintivamente. No importa si tiene quince o veinte y cinco años. El ejecuta el papel con poder. Porque es más joven, más fuerte, más energético y seguro de sí mismo, el hijo por lo regular es peor que su padre. El gobernará sobre su madre y familia sin misericordia. Concha, una divorciada de cincuenta años, bonita, comparte su casa con su hijo de veinte y cinco años:

Angel dirige mi vida, mis negocios y mis relaciones románticas. El revisa mi correo, mis llamadas telefónicas y mis huespedes. Sin consultarme, saca dinero del negocio de la familia. Si me le enfrento, me pega.

¿Concha se da cuenta que tiene un hijo macho?

¡Cómo no! Desde el día en que mi esposo se fue, Angel tomó el poder. Le tengo tanto miedo a él como le tenía a su padre. Quizás más porque Angel es más malo. Pero no puedo luchar con él al igual que no pude con su padre. Sólo estoy esperando a que se case y se vaya de la casa. Quizás entonces tenga paz.

El machismo también hace su debut socialmente. ¿Has conversado con alguna pareja latina y notado que cuando la esposa empieza a hablar, el marido la interrumpe? El la corrige y sigue su conversación. Si por casualidad ella tiene otra oportunidad de volver a entrar en la conversación, mantiene la mirada en su marido como diciendo, "¿Lo estoy diciendo bien ahora, querido?" (Y más vale; de todas formas él la mira de una manera feroz y penetrante.)

En las fiestas, los maridos machos cuentan con que sus esposas sean conservadoras y serias. Pero raramente dejan de admirar a otra mujer que es exactamente lo opuesto. Anita, de veinte y cinco años, es una secretaria. Ella nos cuenta:

Mi marido dice que se casó conmigo porque soy sociable y alegre. Pero en las fiestas me regaña por eso. Así es que me he callado mucho. Pero después dice, "¿Por qué no actúas más como fulana? Ella es tan alegre."

Patricia, de veinte y nueve años, trabaja de clérica postal. Ella admite:

Cuando yo estaba casada con José él siempre me miraba la ropa. No podía ir a ninguna parte si él no aprobaba lo que llevaba puesto. Hubieron muchas ocasiones en que me hizo cambiar, especialmente para bailes y fiestas.

Gloria, apenas de veinte y uno, dice que su condición es la peor:

> Ir a fiestas con mi esposo es vergonzoso y un insulto. Se
> emborracha y empieza a decirle a todo el mundo que yo
> soy una esposa perfecta y obediente. "Miren," dice, "ella
> se sienta allí y me espera mientras bailo con las demás."

La más patética es la latina que nunca habla, ni se reúne o baila en
funciones sociales. Sólo se sienta, como una estatua, al lado de su
pareja. Uno se pregunta por qué atiende. Uno se pregunta que tipo
de dominio tiene su pareja sobre ella.

¡Despiértate! ¡Date Cuenta de Lo Que Pasa a Tu Alrededor!

El machismo, donde sea y cuando sea, perpetúa el bajo concepto
de las latinas. El machismo hace al macho:

darte órdenes,

oprimirte,

hacerte sentir estúpida,

avergonzarte,

castigarte,

abusarte

y

despojarte de tus derechos de dignidad personal.

El aceptar el machismo de nuestros padres, esposos, hijos, hermanos, tíos y otros hombres porque así es como son las cosas y

siempre han sido así, es un problema inmenso de los hispanos. *Como muchas ya han declarado, ¡hace daño!* Cuando te dejas ser víctima de las actitudes y acciones del machismo, ¡estás fomentando tu propia degradación! Quizás, una de las razones principales porque las latinas no forman parte de la sociedad más alta es porque después de haber sido dominadas por sus padres, esposos, hermanos y otros machos, no les queda ningún amor propio, orgullo o energía para enfrentarse a las demandas del mundo. Cuando tienes a alguien en casa acobardándote, negando tus habilidades, anulando tu confianza, haciéndote sentir indigna—no hay manera de poder funcionar con éxito en una sociedad que compite. Tu personalidad debilitada, tu estado legal reducido y tu lucha emocional las llevas contigo a todas partes, así sea al trabajo, a la escuela o a las relaciones sencillas cotidianas.

Cada latina tiene el poder de luchar contra el machismo estando *al corriente de él* y adquiriendo el *valor* de decir "no más." Se puede hacer a pasos pequeños o gigantes. Las dos formas funcionan. Diciendo "no más" preservarás tu amor propio y dignidad y tu opinión de tu valor propio se elevará a nuevas alturas.

5

De-Lo-Que-No-Se-Habla

*T*odavía las latinas se refieren al sexo como "tú-sabes-que." Las latinas son muy ingenuas con respecto al sexo. Lo ven como un deber, así es que no fingen tener dolor de cabeza muy a menudo. El sexo es aceptable en el matrimonio porque la iglesia les dice que así debe de ser, pero el sexo antes del matrimonio las hace sentir culpables.

Los Hechos de la Vida de las Hispanas

Para las latinas, las actividades sexuales son comenzadas y terminadas por el hombre. Lupe, de cuarenta y un años, con veinte años de casada, lo explica concisamente:

> Yo no sabía nada sobre el sexo, así es que hacía lo que él quería. Yo no sabía otra cosa y no importaba lo que pasara. Se suponía que fuera él el satisfecho y no yo.

Graciela, de veinte y siete años, madre de tres y otra vez embarazada:

> Daría cualquier cosa por saber como decirle "no" a
> Miguel sin que se enoje. Hay veces que estoy cansada y
> sólo quiero dormir, pero él insiste en "seguir jugando."
> Insiste e insiste, hasta que desesperada por poder dormir
> me doy por vencida y pretendo gozarlo. Quisiera saber
> como manejarlo mejor.

Un verano una amiga y su esposo vinieron a visitar. Hacía tiempo que no la veía y me sorprendió ver lo mucho que había engordado y lo matrona que se veía—¡a los treinta y seis años! Después de colgar su ropa en mi recámara, nos sentamos en la cama a hablar. Cuando se hizo tarde me dijo, "Bueno, es mejor que me bañe . . . en caso de que Juan quiera 'tú-sabes-que' esta noche."

Las palabras "en caso de que Juan quiera" me sonaron en los oídos. ¡Estaba escandalizada! Lo primero que pensé fue, ¿y si tú *no* quieres? Lo segundo que se me ocurrío fue que ella no podía decir "hacer el amor." Me dio lástima.

Lo Que José Quiere, José Obtiene

Cuando yo estaba en la universidad y vivía en un apartamento detrás de una estación de gasolina, a menudo iba a la estación a comprar un refresco donde Jesús, en sus cincuenta años, siempre me empezaba a hablar. Su tema favorito era el sexo. Invariablemente me contaba lo buena que era su mujer con él. Una de sus declaraciones que más recuerdo: "Tengo sexo con mi esposa todas las noches. Pero," seguía, "la dejo tranquila cuando tiene la regla para que descanse." Nunca supe si creer a Jesús hasta el día en que conocí a su esposa. Viendo lo desfigurada y derrotada que se veía, supe que Jesús no estaba mintiendo. Había tenido su decimotercer hijo y parecía como si sólo la muerte la podría salvar.

Siempre nos han presentado al sexo en relación a las necesidades del hombre. Nos dicen que los hombres poseen tremendas urgencias sexuales y que son insaciables. Necesitan aliviarse y al no ser que satisfazgan sus necesidades y deseos, los irán a satisfacer en otro lugar. Nadie menciona nuestros deseos sexuales, o el hecho de que importan. "Arréglate bien. Usa perfume. Estate lista. Es tu deber. Puede que te duela un poco al principio pero te acostumbrarás. Si eres buena con tu hombre, él te cuidará." ¡Fuimos artículos negociables antes de estar en el mercado! También la iglesia católica nos enseña que la mujer fue hecha para el hombre y que "el sexo obediente" es lo que Dios quiere—para la procreación, por supuesto.

El Significado Oculto del Sexo

Sexo, sexo, sexo. Amor, amor, amor. ¡Todos los días de nuestras vidas estamos expuestos a megadosis de estas fantasías exageradas! ¡Las películas, la televisión, los libros, las revistas, las carteleras y especialmente las canciones de amor nos doctrinan con emociones de amor hasta que ya estamos saturados! Las mujeres parecen como carneros degollados, con el corazón en la frente, llevándose por las emociones, viviendo y respirando sólo para *él*. Cuidado, damas. Demasiado de todo esto les puede impedir pensar claramente.

No seas una romántica todo el tiempo (ni si quiera la mayor

parte del tiempo) porque esta actitud puede dominar tu manera de pensar y contrarrestar tu manera de tomar decisiones. Ten en mente que para los hombres, la pasión y el estímulo del sexo es más físico que sentimental. La urgencia sexual del hombre no es por naturaleza romántica pero para las mujeres es "amor, amor, amor." Aquí es donde nos metemos en problemas. Lo mejor que podemos hacer para evitar estos problemas es comprender la diferencia entre el romance, el amor y el sexo.

El romance extremo y el amor perfecto son dos cosas diferentes. El romance no está relacionado a la realidad. Quiere decir salidas, regalos, paseos, canciones de amor, nerviosidad y ansiedad sexual. El romance es flotar en el aire y estar en las nubes. Es divertido, maravilloso y excitante. Hasta las peleas exaltan las pasiones del romance. Por supuesto, todo esto es temporario. Eventualmente hasta la burbuja más grande se revienta. ¿Qué pasa cuando esto se acaba? ¿Qué pasa cuando los piropos y las salidas se terminan y lo "caliente" se vuelve "frío"? Pregúntate entonces, ¿qué es lo que queda? A veces nada. Algunas veces el romance madura y se vuelve amor.

El amor no requiere el alboroto continuo del romance. El amor se funda en la realidad. Es el tener los pies firmes en el suelo, el poder ver a tu compañero, a tí y la relación claramente. Tú tienes tu vida individual que vivir; tu compañero tiene la suya. El amor que comparten debe de apoyar, no dominar sus vidas.

Ya que el sexo tiene mucho que ver con el romance y el amor, puede que estén interesadas en algunos hechos básicos.

Primero, cree firmemente que el sexo no es malo. Segundo, el sexo no es para complacer a uno sólo. Tú debes de participar voluntariamente, recibiendo placer como y cuando quieras. Tercero, nadie, absolutamente nadie menos tú (ni si quiera la iglesia), sabe la cantidad de sexo que necesitas. Cuarto, no tienes que someterte a toda una vida de sexo si no quieres. Tienes derecho a decir que no. Quinto, y lo más importante, todo sexo no está relacionado al amor.

Hay muchas razones para el sexo.

Nuestra primera experiencia sexual resulta de una variedad de motivos como curiosidad, deber, miedo, placer y cooperación. Al igual que cualquier cosa que se intenta por primera vez, el sexo también puede ser un fracaso, una experiencia que nos frustra e inclusive una desilusión. Esperamos ser exaltadas y sentir éxtasis. Esperamos ternura, adoración, sentir hormigueo y aprobación. Estas esperanzas son naturales, pero al no ser que tu compañero tenga los mismos sentimientos, ellas no se realizarán. La situación, sin embargo, es que según tienes más experiencias con el sexo, tienes que ver y comprender las razones por él. ¡Si no, tu bienestar emocional siempre estará en peligro!

El Sexo como Deber La razón menos válida por tener sexo es tenerlo *únicamente* para darle placer a otro. El permitir ésto, es permitirte ser forzada y prostituída. Te quedas sin autoridad. Este tipo de sexo viene acompañado con un desprecio vicioso que dice claramente, "Tengo autoridad sobre tí. Me perteneces." Los hombres que exigen este tipo de sexo en realidad no quieren a las mujeres. Las consideran propiedad y que les pertenecen en alma y cuerpo. Cuando un hombre domina a una mujer en la cama, puedes estar segura que hace del resto de su vida un infierno. El someterte a ese "deber" es subordinar tu amor propio. Todas las áreas de tu vida serán afectadas de una forma negativa.

El Sexo como Posesión Muchas mujeres creen que pueden apoyarse en los hombres por medio del sexo. Las mujeres que creen esto no piensan mucho de sí mismas. Creen que no tienen nada más que ofrecerse. Obviamente sintiéndose inseguras, usan el sexo para controlar sus relaciones.

El Sexo por el Amor   El sexo por el amor suena romántico y también anticuado. Por ejemplo, los hombres siempre han sabido que las mujeres se engañan con oir "Sí, te amo, ahora vamos a la cama." Porque muchas mujeres se creen que tienen que estar "enamoradas," ellas ven al amor y al sexo como la misma cosa. Naturalmente, los hombres se aprovechan de esto. Las mujeres se creen que el sexo les va a traer amor; consecuentemente, tratan de satisfacer sexualmente a sus compañeros. El sexo como amor puede ser una ilusión. Cuanto te ama un hombre no se mide en la cama, porque en la cama es el lugar donde él siempre te dirá, "Sí, de veras te amo." El sexo raramente nos trae amor, aunque ha sido responsable por unas cenas muy amenas.

El Sexo para la Intimidad   Hay gente que cree que el sexo nos une sentimentalmente. Pero la intimidad física no significa intimidad sentimental. La verdadera intimidad ocurre cuando dos personas se llegan a conocer, y esto requiere mucho tiempo y el hablar mucho.

El Sexo para la Seguridad   Para algunos, el propósito principal del sexo es hacer el mayor número de conquistas posibles sin comprometerse sentimentalmente en una relación. Estos son los Don Juan y las Doña Juanita que quieren vencer sus sentimientos de inferioridad, sentirse más atractivos y deseables y demostrar sus suficiencias sexuales.

El Sexo para el Amor Propio   Ya que el sexo es tan importante en nuestra sociedad, el ser bueno en el sexo también es muy importante. Algunas personas ven al sexo como una habilidad que tiene que ser perfeccionada, como un juego de pelota.

El Sexo como Hostilidad   Una persona hostil se enfada y te pone en ridículo si rehusas tener sexo. A los hombres se les acusa de ser impotentes o "jotos," a las mujeres de ser frígidas. Estas personas están enojadas pero el enojo no tiene nada que ver contigo.

El Sexo como Medios de Defensa   La gente atractiva sexualmente puede usar el sexo como un instrumento para adquirir poder, posición, dinero y más. La persecución sexual de las mujeres es un buen ejemplo. Algunas mujeres usan su sexualidad para manipular a los hombres.

El Sexo . . . a Tu Manera

Todo esto tiene mucho sentido. Porque yo soy una individua con mis propias actitudes, creencias y experiencias, he encontrado mi propio nicho con respecto al sexo. Yo creo que el sexo no es ni un "tienes que" (nadie se ha muerto por no tenerlo) ni un "no-no" (no me va a respetar por la mañana). Para mí, cae por el medio, entre mis otras prioridades. Como muchas otras cosas, el sexo es lo que tú hagas de él. Yo soy una persona muy sexual. Mis actividades sexuales están gobernadas por mis necesidades personales, al igual que por mi consentimiento, en cooperación con mi esposo. Para mí, la realización sexual se presenta de muchas maneras. Algunas veces es estrictamente biológica, algunas veces es sentimental con la necesidad de ser acariciada, consolada y confortada, algunas veces con el deseo de dar placer y algunas veces con intimidad total—una conexión fuerte y sincera con él a todos los niveles. Sobre todo, yo considero mi cuerpo sagrado. Es delicado y frágil y merece ser tratado con mucho cuidado. Por lo tanto, me aseguro de que mi esposo está al tanto de esto todo el tiempo. Bajo ninguna circunstancia permitiría ser maltratada sexualmente.

¿Qué puedes hacer? Entérate de tus propias actitudes sexuales que se originan de tu acondicionamiento cultural y religioso. Examínalas. ¿Se conforman con tu manera de pensar? Piensa. Dentro de tu estilo de vida, el sexo ¿te aumenta o disminuye el gusto de vivir? ¿El sexo que tienes ahora es lo que tu te imaginabas? ¿Qué cambios en tu manera de pensar o comportamiento haría que el sexo fuera más agradable para ti? Cuando pones el sexo en perspectiva, tienes más probabilidad de poner en orden otros aspectos de tu vida. ¿Por qué? Porque el sexo, tan frecuentemente confundido con el amor, enreda los sentimientos hasta un punto que afecta todo lo que haces. Si crees que necesitas algún tipo de educación formal sobre el sexo, ¡sé valiente y obténla! Si eres madura y con experiencias sexuales pero tienes miedo de enfrentártele a tu papel tradicional, una "cucharadita" de *valor* puede ser todo lo que necesitas.

6

La Familia:
Solamente Somos Diez

*L*a píldora ha estado en el mercado desde los años sesenta, pero de acuerdo con las estadísticas, las latinas tienen un promedio de 2.9 niños que es mucho más alto que el promedio de 1.8 de la población general.

Por lo tanto, los latinos componen el grupo que más está aumentando en número en los Estados Unidos, y que será el más grande a principio de siglo. Mucha gente está encantada con esta estadística pues cren que nos dará más poder político. Esta gente, sin embargo, son sólo hombres y yo no estoy de acuerdo con ellos. Primero, no nos van a dar poder político sólo porque somos muchos. (Podría ser si votáramos en las elecciones.) Segundo, el poder político se basa en la economía y los latinos todavía están por formar una base económica fuerte.

Y tanto como me duele decirlo, en conjunto nuestras situaciones son bastante sórdidas. En una encuesta de las Naciones Unidas de 1993 que mide los países fundado en los niveles educacionales de la vida y en el poder de compras básico, latinos en los Estados Unidos figuran en el rango de treinta y cinco, ¡el mismo nivel que Latvianos! Tercero, el hecho que la mayoría de los latinos carecen económicamente, sus prioridades son el poner comida en la mesa y tener un techo—y no la política. Evidentemente, como los hombres no se embarazan, no tienen bebitos, y no tienen que cuidar niños, ellos pueden darse el lujo de aprobar el concepto de una población latina grande. La pregunta es ¿van a seguir las *latinas* teniendo familias grandes solamente para apoyar las aspiraciones políticas de los hombres?

Hasta que nos despertemos, la pregunta es discutible porque, no importa quien diga qué, hemos sido acondicionados religiosamente, culturalmente y tradicionalmente a tener muchos hijos. Probablemente, yo ya sabía a los cuatro años que iba a tener una familia grande. No se podía evitar. Yo era la más pequeña de siete niños. Además de mis hermanos y hermanas, siempre estaba rodeada por los hijos de mis tíos, tías y primos. ¡Bebitos, niños y madres por todas partes, a toda hora! Así que, para mí, era natural también pensar que tendría muchos niños.

Aún más importante, *nunca* se dijo nada en contra. Siempre era, "Tendrás muchos niños cuando te cases." Nunca una palabra de, "Ten cuidado de no tener muchos niños." No es común ver familias pequeñas en la cultura latina, y aún más raro, son las parejas sin hijos.

Mi esposo y yo nunca hubiéramos podido decir, "No vamos a tener hijos." Nuestro sistema de pensar dijo, "Cásate y ten una familia grande. Dios te bendecirá y serás feliz."

El casarse y tener hijos casi se espera de todos en la cultura latina. Ya que la enseñanza empieza temprano, las latinas se casan de jóvenes, tienen muchos hijos y como resultado se quedan estancadas. El cambiar la manera en que hemos aprendido a vivir no es fácil. Yo lo sé. Yo traté.

Como Nuestro Acondicionamiento Cultural y Religioso Nos Mantiene Embarazadas Una y Otra Vez

Yo tomé y dejé la píldora con frecuencia, pero mis creencias sobre el control de la natalidad no eran tan fuertes como mi acondicionamiento de tener una familia grande. Hasta traté algo diferente. Después del nacimiento de mi segundo hijo (tenía veinte y seis años), con valor y júbilo acepté que me ligasen las trompas. Estaba animada y tenía miles de ideas en la cabeza. Con menos hijos que mantener y cuidar, tendría menos responsabilidades y más oportunidades de tener una carrera, más dinero en el bolsillo para tener un carro bueno, buena ropa, libertad sexual y cantidad de energía física y mental para mis intereses personales. Además me vería más joven en vez de gastada y cansada por las demandas de ser madre toda mi vida.

¡Pobre de mi! Sólo era un sueño.

Esperando en el salón de operaciones, algo me hizo cambiar de idea. Le dije al doctor, "No puedo hacerlo." Quería, pero no podía. Regresé a mi cuarto llorando, escondiéndome debajo de las cobijas. Estoy segura que este gesto fue símbolo de mi deseo de estar de vuelta en mi capullo familiar.

Evidentemente, el cambiar mi manera de pensar me mantuvo a la par con todo lo que había aprendido y aceptado. Ese "algo" que me detuvo se debió a muchas influencias: mi acondicionamiento cultural de familias grandes, mi incapacidad de aceptar el control de la natalidad permanente como una ventaja de la vida, la necesidad de ser aceptada en mi grupo, mis instintos de super-vivencia y mi miedo de quemarme en el infierno, como la iglesia católica me había enseñado.

A pesar de todo, la práctica de tener más niños de los que queremos, o podemos mantener, disminuye las oportunidades que las latinas pueden tener para otras cosas que sean más que una vida de ser madre. Si ser madre es lo que escoge, está bien, pero muy a menudo la maternidad es sinónimo con el martirio, porque la mayoría de padres latinos no ayudan con la crianza de los hijos. La latina lo hace todo. Quien haya dicho, "Ser madre es una sentencia a cadena perpetua sin libertad," le dio al clavo en la cabeza.

¿Cuándo vamos a dejar de tener familias grandes? Esa es una pregunta difícil de contestar. La píldora y otros tipos de contracon-cepción llevan décadas en el mercado. Durante cuanto tiempo van a seguir las latinas diciendo, incluyéndome a mí, "No se pudo evitar. El control de la natalidad no fue parte de mi crianza." ¿Seguiremos sin planear nuestras familias en las próximas genera-ciones?

Reflexionando, me considero afortunada, en vez de lista, por sólo haber tenido cuatro hijos; tres de mis hermanas y dos de mis hermanos acabaron teniendo familias de cinco y seis hijos. Una cuarta hermana, una católica muy devota, tuvo ocho niños y en realidad quería doce.

Las latinas se creen que el estar embarazadas es una de las mejores cosas que les puede suceder, y por lo tanto, están agradecidas. Debido a nuestro acondicionamiento cultural, nos vemos racionalizando: "Está bien estar embarazada sin pensarlo o planearlo, porque se supone que así sea. Se espera y se acepta. Seré elogiada por ello."

Laura, de treinta y dos años, dice que cada vez que queda

embarazaba se vuelve una reina. Sus conversaciones con los parientes eran así:

¿Estás embarazada?

Sí.

Ay, ¡qué mujer tan linda!

Me encanta ver a mujeres embarazadas.

Dios debe de quererte mucho.

Ay,¡ qué bueno!

Felicidades.

Tú eres una reina.

De aquí en adelante, Laura era alguien especial. Era una reina. Si otra en la familia quedaba embarazaba, ella también se convertía en reina. Pero cuando Laura quedo embarazada por cuarta vez se sintió diferente:

No me sentía reina en lo absoluto. Otro bebito significaba mucho más trabajo, menos dinero y volver a engordar.

Felicidad o Fatalidad con Tantos Niños

Seguro que los bebitos son lindos, comparados con los niños mayores y además, fáciles de cuidar. Pero cuando llega un bebito año tras año, los golpecitos de los pies pueden resultar en más de lo que puedes aguantar. Si eres el tipo de persona organizada, paciente y una Chata (te gusta la labor de la casa) y te gusta ocuparte de niños y no tienes que trabajar fuera de la casa, te puedes entretener felizmente ocupándote de tí misma y de tu familia. Si no eres así, probablemente estás deprimida como muchas latinas. Celia, de sólo treinta y cinco años, toma para sus nervios dos tranquilizantes al día y una pastilla para dormir de noche. Está casada pero se siente como si estuviera criando sus ocho hijos de—3, 5, 6, 7, 8, 9, 11, 14 de edad—sola:

> Preparándolos para la escuela todos los días me agota.
> Y cuando escucho la lista de todo lo que necesitan y
> quieren, corro a tomarme un tranquilizante. Mi esposo
> no gana mucho dinero y cuando llega a la casa, agarra
> una cerveza y se sienta. Pidiéndole que me ayude em-
> peora la situación. Yo soy joven, pero me siento vieja y
> atrapada.

Delia, de treinta años, tuvo cinco niños seguidos y su esposo, Ramón, siempre la ayudaba. Pero las cosas cambiaron. Ella dice:

> Cuando empezamos a tener nuestros niños estábamos
> muy felices. Ahora los niños son más grandes y se han
> convertido en sólo mis hijos. Ramón dice que los quiere
> pero que no está interesado en preocuparse de ellos. Los
> niños me ponen tan nerviosa que lloro y lloro. Ahora no
> sé porqué tuve tantos niños.

Clara, que tiene treinta y nueve años, tiene nueve hijos y un marido que ha estado desempleado la mayor parte de su vida de casado. Ella se queja:

Vivo en un estupor. Me siento enferma la mayor parte del tiempo y cuando voy al médico me dice, "No tienes nada—estás deprimida." Me dice que me vaya a casa y me ocupe de mis problemas. Pero no sé ni cuando ni como empezar. Cuando voy a ver al padre Juan me dice, "Ten fe, Dios proveerá."

Laura, de sólo veinte años, ya tiene tres hijos pero no se quiere ocupar de ellos. Ella dice:

> Soy muy joven para estar estancada con niños. Quiero salir con mis amigos y divertirme. Cuando nos divorciamos, le di los niños a Jesús. Probablemente me volveré a casar y tendré más bebitos lindos.

Según la familia y las demandas aumentan, el sueño inicial de una familia grande y divertida empieza a desaparecer. Los niños se convierten en trabajo, más y más trabajo. Puedes reflexionar y pensar en que pasó, pero ya es muy tarde. No puedes devolver los niños. ¿Verdad? Cuando te das cuenta de que estás criando a los niños sola, te da coraje. Puede que tu esposo esté en casa, pero te deja todos los problemas de la familia a tí. Cuando los niños empiezan a crecer, a contestarte, a recorrer las calles y a estar expuestos al alcohol, las drogas, el crimen y la violencia, la tensión y la presión te *acaban*. El primer ataque verbal como, "¡Chinga tu madre!" Te desbarata. No puedes creer que estos son tus bebitos dulces de antaño.

¿Qué pasa cuando te encuentras agobiada por las responsabilidades de ser madre? Tu habilidad de funcionar de una manera normal y saludable está en peligro. Empiezas a sentir tensión.

Empiezas a sentirte melancólica, atrapada y sin poder hacerle frente a nada.

Mientras más niños tienes, más carga de responsabilidad asumes, más cara te será la vida y te verás forzada a hacer más sacrificios.

Dejando Que Nuestros Instintos Maternales Nos Devoren

En todas nosotras, las mujeres, existe un instinto maternal que nos obliga a ocuparnos de otros antes de ocuparnos de nosotras mismas. ¿Quieren pruebas? ¿Cuántas veces salimos y compramos cosas que los niños quieren y no nos compramos absolutamente nada para nosotras? ¿Estás usando la última moda—ya sea un suéter o alguna joya de fantasía? Apuesto a que tus hijos si están. ¿Cuántos pares de calzones tienes? ¿Cuántos tiene tu hija? La proporción es probablemente uno a cuatro. Aquí les digo la verdad: Yo me compro mis calzones en una tienda barata; mi hija se los compra en una tienda lujosa. ¿Por qué tenemos dinero para sus actividades y no para las nuestras? ¿Cómo es que el marido tiene su presupuesto para las cervezas y nosotras no nos arreglamos el pelo o las uñas a menudo? Cuando el marido sale con los amigos ¿se nos ocurre ir al cine o de compras con las amigas? No. Nos quedamos en casa cuidando a los niños.

Nuestros instintos maternales nos dicen que ellos necesitan más que nosotras. Somos las que nutrimos. Nutrimos a todos menos a nosotras mismas. Esto sucede porque no nos creemos importantes y que lo merecemos, y por lo tanto, no nos damos los mismos privilegios. Nuestros instintos maternales nos gobiernan. La lucha para conquistar este instinto dominante de "Los quiero más que a mí misma" es una que no tiene fin. Mientras más niños tienes, es más difícil de controlar.

El sacrificar tus necesidades y deseos por los de tus hijos no es saludable. Según los niños crecen y todo se hace más caro, tendrás *años y años* de sacrificio que te irán llevando al abismo en posición social y amor propio. Estarás sujeta a la tensión y a la posibilidad de enfermarte físicamente.

La depresión es verdaderamente una enfermedad. Se puede presentar de muchas formas: duermes demasiado o te desvelas, tienes falta de esperanzas, estás melancólica, sientes ansiedad, sientes indiferencia, comes mucho o pierdes el apetito, no tienes ánimo o te fatigas sin razón. La depresión es como si te apagaran las luces de la cabeza. No puedes ver a donde vas. No puedes ocuparte de nada. Cuando continua por mucho tiempo, la depresión puede debilitar e inclusive destrozar un cuerpo y una mente sana.

Mientras más se aferra la depresión, menos energía tendrás y más te vas a sentir como "No valgo nada." Dejarás de peinarte. Dejarás de maquillarte. Andarás el día entero en tu bata de casa. Probablemente, todo esto te causará más tensión y engordarás. Ahora que te sientes gorda, fea y sin dinero, te separarás de tus amigos, te quedarás en casa, no harás nada y te descuidarás a una vejez temprana. Claro, mientras todo esto te está pasando, tus hijos te están observando y aprendiendo a vivir igual que tú.

Todas estas cosas pueden suceder y suceden porque no vemos el verdadero problema: no vemos la carrera de ser madre como un trabajo. Pocas de nosotras queremos admitirlo y aún menos mencionarlo. ¿Por qué? Si lo admitieramos nos estaríamos quejándo, y quejarse significaría el no ser madres buenas y capaces. Hablemos claro, nadie dice, "Voy a tener un bebito y voy a tener mucho trabajo." En vez oímos, "Voy a tener un bebito. Estoy tan contenta." ¡Por Dios! ¿Qué pasa con nuestra manera de pensar? Criar niños es uno de los trabajos más duros del mundo y es hora de que lo admitamos. Cuando aceptemos este hecho, quizás aprenderemos a tener menos niños.

La práctica de tener muchos niños impide a la latina totalmente. Agotada de sus labores maternales, ella no puede ver el horizonte de esperanzas que el mundo le ofrece porque está muy ocupada mirando el suelo para ver si sus niños todavía están a sus pies.

El último consejo: hace años una abuelita de ochenta años de edad me dio una advertencia que hizo que el pelo se me parara de puntas. En una jira campestre familiar, me preguntó si podía cargar a mi hija recién nacida. Mientras mecía a mi hija en sus brazos, dijo, "Que peligroso. Nunca se quitan las ganas."

Cuidado, cuidado . . .

¿Qué Tamaño de Familia en Realidad Queremos?

Es hora de que la latina se haga algunas preguntas:

¿De veras quiero un niño?

¿Estoy lista físicamente, mentalmente y economicamente para asumir tal responsabilidad?

¿Tengo los medios para mantener un niño?

¿Va este bebito a interferir con lo que quiero hacer con mi vida?

Mi esposo dice que me ayudará, pero ¿puedo contar con él?

¿Va a ser este niño una carga o una bendición?

El ignorar el control de la natalidad resulta en embarazo. Los embarazos (así sea uno o veinte) son serios. Una vez que una mujer queda embarazada está cambiada para toda su vida. Frecuentemente vemos a latinas que están mal de salud y totalmente deprimidas durante el embarazo. Muy a menudo vemos a latinas muy jovencitas con varios niños saltando delante de ellas, aún otro caminando con pasos inciertos a su lado y otro en brazos. Examina los vecindarios latinos, las tiendas de los barrios o cualquier facilidad médica del condado donde las mujeres pobres tienen que ir para obtener ayuda y ¡dudo mucho que veas a una latina que parezca una reina!

No digo que debemos dejar de tener niños o que no debemos estar felices cuando se espera uno. Digo lo mismo que dije acerca del sexo. Tenemos que poner los partos en perspectiva, usar un poco de control y ver como los niños forman parte en nuestras vidas y nuestro futuro.

Aunque adoro a mis cuatro hijos, mi cuarto embarazo (no fue planeado) me desconcertó mucho. Mi esposo era un estudiante desempleado y todo lo que teníamos era mi sueldo. Estábamos luchando para desenvolvernos en una ciudad nueva y el embarazo hizo las cosas más difíciles. Después del parto, supe que si no usaba algo para el control de la natalidad quedaría embarazada *una y otra vez*. Tenía tanto miedo de quedar embarazada que rehusé tener sexo. Esto, por supuesto, causó mucha fricción, pero nos hizo pensar sobre el no tener más niños . . . y en una vasectomía.

Yo ya había tratado de ligarme las trompas y no pude hacerlo.

Pero hay una gran diferencia entre ligar las trompas y una vasectomía. Una ligación tubular requiere anestesia general, estar hospitalizada y demora más el sanarse. También es permanente. Una vasectomía se puede hacer en la oficina de un médico y con anestesia local. Es más rápida, más segura y la recuperación es más rápida. El riesgo es tan pequeño que a veces se dice que es como "ir al dentista." Una vasectomía tiene la posibilidad, aunque no la seguridad, de ser reversible.

Cuando yo le sugerí a mi esposo que se hiciera una vasectomía, él rehusó. Me dijo (pero más a sí mismo) las razones por las cuales no podía:

Soy muy joven.

¿Qué pasa si te pierdo a tí y o a los niños?

¿Qué pasa si queremos más niños más adelante?

Podemos usar otros métodos para el control de la natalidad.

¿Por qué no te ligas las trompas?

¿Qué pasa si pierdo mi virilidad?

No me verás como un hombre completo.

Puede que Dios me castigue.

El racionalizó y racionalizó. La verdadera preocupación era la idea de perder su virilidad. ¡Su machismo estaba en peligro!

Un año más tarde y con la ayuda de un consejero, decidió tener una vasectomía. Una vez que lo hizo, gozamos de mucha libertad sexual. Nos sentimos aliviados de saber que nuestra familia estaba finalmente completa y optimistas de nuestro futuro. Se nos quitó un gran peso de encima.

Es un tipo de *valor* el admitir que tus sentimientos no siempre están de acuerdo con las circunstancias. Si estás embarazada y no estás contenta, admítelo y trata de aprender de la situación. Esto es mucho más saludable que el ser infeliz y aparentar no serlo. El mentirte a tí misma es el peor tipo de opresión. Tu actitud hacia el embarazo es una forma de control de la natalidad tanto como lo es la píldora o cualquier otro método de contraconcepción. Considera esto.

El insistir que mi esposo se hiciera la vasectomía fue más que un acto de *valor*. Fue un acto de supervivencia para mi cuerpo, mi espíritu y mi futuro. Cuando me di cuenta y verdaderamente creí que no podía serle una buena madre a más niños, encontré el *valor* de hacer algo para remediar el problema.

Religión: ¿Realidad o Represión?

*T*radicionalmente, la mayoría de las latinas son muy leales a la iglesia católica. El criarnos católicas va a la par con criarnos latinas. Debido a esto, aceptamos a la iglesia y sus enseñanzas de la misma manera que aceptamos nuestra cultura—de todo corazón. Nuestra iglesia y nuestra cultura tienen esto en común: las dos requieren *obediencia.*

Como resultado de esta demanda total y opresiva de *obediencia,* las latinas sufren un complejo sofocante de culpabilidad incitado por la iglesia. La iglesia define a un buen católico romano a uno que es *obediente* y *subordinado.*

A ver. La latina *obedece* a tu padre,

obedece a tu madre,

obedece a tus hermanos,

obedece a tus parientes,

y para el colmo,

¡obedece a la iglesia!

No es por nada que la latina no puede defenderse en el mundo competidor. Ella está acondicionada a seguir órdenes. En alguna parte, de alguna manera y algún día, la latina tiene que darse cuenta de las fuerzas que están paralizando su mente.

¿Religión o Represión?

La iglesia católica nos enseña que Dios es el centro del universo y que nuestro verdadero cumplimiento es ganarnos un lugar en el cielo a su lado.

PREGUNTA:	¿Quién te creó?
RESPUESTA:	Dios me creó.
PREGUNTA:	¿Por qué te creó Dios?
RESPUESTA:	Para ir al cielo.

En las doctrinas de la iglesia católica, el ir al cielo se le da mucho énfasis. Como resultado, muchas latinas están convencidas de que mientras están en la tierra ellas no valen nada porque sólo se están ganando la gloria mayor del cielo. Estas enseñanzas *te* dan una imagen propia negativa y le da a la iglesia control de tu manera de pensar, tu comportamiento y tu felicidad. Lucy, de veinte y cinco años, una madre gentil y frágil con tres niños, recuerda esto de su educación católica:

Lo que oía constantemente era: vive tu vida lo mejor que puedas para que vayas al cielo, confiésate, ve a misa los domingos, recibe la comunión y los sacramentos, reza el rosario a menudo, reza por el amor de Dios y *puede* que vayas al cielo. Y si no hacía todo esto fielmente me sentía tan *culpable* que estaba segura que algo me iba a suceder.

Ramona, de veinte y un años, y trabajadora de fábrica, recuerda:

El tratar de lograr el cielo siempre fue una batalla difícil para mí. No importaba *lo buena que era,* siempre tenía dudas de que lo alcanzaría. Comparada a las monjas, me sentía tan imperfecta y, les juro, ellas me lo refregaban.

Catalína, de dieciocho y apenas graduada de la preparatoria, todavía recuerda las voces de las monjas:

Si no haces "esto o lo otro" no vas a ir al cielo. El problema era que el "esto o lo otro" era cantidad. Lo cómico es que las monjas nunca nos inspiraron a *querer* ir al cielo. Sólo nos amenazaban. Si no hacíamos las cosas como querían, seguro que no íbamos a llegar al cielo.

A los treinta y cuatro años, Juana empezó a hacerse preguntas sobre su educación religiosa:

Empecé a preguntarme, por qué le dábamos tanta importancia a la próxima vida. Me preguntaba por qué teníamos que sufrir en la tierra para lograr el cielo. Me habían lavado el cerebro de tal manera que no podía concebir que había un cielo en la tierra, eso es, ser feliz sin sufrir. Yo creo que muchas de nosotras sufrimos porque la iglesia nos dice que tenemos que sufrir.

¿Y cómo vas al cielo? De acuerdo con la iglesia católica, sólo puedes ir al cielo siendo buena, eso quiere decir, no pecando. El problema es que casi *todo* es un pecado para la iglesia católica. Inclusive los recién nacidos llevan el pecado original y tienen que ser salvados por medio del bautismo. ¿Y quién los salva? Bueno, la iglesia católica, por supuesto. Para mucha gente, el acusar a los recién nacidos de llevar el pecado de Adán y Eva no tiene sentido alguno, y es un ejemplo de un tipo de religión negativa. El empezar la vida con un pecado, el que te digan que no tienes mérito, y después encaminarte a sufrir el remordimiento de un pecador puede demoralizar a cualquiera. El enseñar que casi todo en la vida es un pecado es meterle miedo a la gente. La iglesia católica bombardea a sus miembros con amenazas de una condena eterna.

"Perdóname Padre, porque he pecado . . ." "Por mi culpa, por mi grandísima culpa . . ." "O Dios mío, estoy arrepentida . . ." "Ruega por nosotros pecadores ahora y . . ." "Detesto todos mis pecados porque . . ." "O Señor yo no soy digna . . ." Estas son algunas de las oraciones comunes de los católicos las cuales nos convencen que en realidad somos pecadores. La mayoría de nosotros hemos pecado toda nuestra vida:

EN LA NIÑEZ

"Le dije a mi hermana que se callara."

"Le saqué la lengua a mi mamá cuando no estaba mirando."

"Me encontré cinco centavos y no los devolví."

EN LA ADOLESCENCIA

"Un amigo tenía una foto indecente y la miré durante diez segundos."

"Perdí la misa porque no podía encontrar un zapato."

"Me puse un suéter apretado para el baile y todos los muchachos me miraron."

DE ADULTO

"Desobedecí a mi esposo."

"Gasté dinero de la casa en un vestido nuevo."

"Hablé mal de los amigos de mi esposo."

"Uso métodos para el control de la natalidad."

La iglesia católica nos advierte: si cometemos algunos de estos pecados y morimos sin confesarse, probablemente pasemos unos años en el purgatorio o quizás vayamos al infierno. La vida en la tierra también es igualmente amenazante. Si te educaron católica seguramente estás *preocupada con el pecado,* porque la iglesia católica te dice que te *preocupes* por cualquier cosa. Vives pensando, "¿Fue eso un pecado venial o mortal? No se si debo de confesarlo." Después te preocupas del tipo de penitencia que te darán. Inclusive, te preocupas de que si has confesado *todos* tus pecados. Quizás debas de hacer una lista, porque si se te olvida uno y recibes la comunión es otro pecado. Culpabilidad, culpabilidad y más culpabilidad.

En la iglesia católica, uno no tiene que cometer un pecado,

solamente pensarlo y es culpable. Nos dice la iglesia que la inmediata ocasión de pecar siempre nos está tentando a nosotros—los pecadores. Otra dimensión de pecar que nos hace sentir de veras culpables, como si el infierno no fuera suficiente, es que cuando pecas, le aumentas el sufrimiento a Cristo. Te enseñan que no sólo te haces daño a tí mismo, pero también hieres a otro. Que mala, poco sensitiva y poco cuidadosa eres. Las hermanas tenían razón. De veras que somos malas.

Cuando te crian católica, tienes muy pocos momentos en que puedes *pensar libremente.* Con tu vulnerabilidad programada de los peligros de pecar, la energía para pensar positivamente se olvida. Aún cuando te preguntas sobre ideas contradictorias sobre las enseñanzas de la iglesia, te sientes imposibilitada de hacer algo. Si preguntas algo, recibes respuestas como, "Esos son los misterios de la fe." Si eres una atrevida puede que preguntes "¿Por qué es el sexo un misterio, hermana?" Y, CATAPLUN, la regla casi te quiebra los dedos.

¿De Quién Es el Derecho del Control de la Natalidad?

¿Qué hay del sexo y el catolicismo? Cuando le preguntas a las latinas lo que la iglesia católica les enseño sobre el sexo, sus respuestas son:

La iglesia católica me enseñó cero. Pero en los sermones de los domingos el Padre a veces se refería a los "deberes de la esposa," implicando que la esposa debería tratar bien a su esposo.

En mi época, el besuqueo estaba considerado como un juego sexual muy serio y cuando lo hacía recuerdo rezarle a mi ángel de la guardia para que me salvara.

Nos enseñaron que nuestros cuerpos eran templos del Espíritu Santo.

Me dijeron que me quedara pura como la Virgen María.

Si no era virgen, no me podía casar de blanco.

Este tipo de enseñanza explica por qué la latina católica después de casarse y comenzar su papel de esposa "concienzuda" va frecuentemente "a ver al Padre." Puede que le pregunte directamente o que use el confesionario para preguntarle cuales son los parámetros de su responsabilidad sexual aceptados por la iglesia. Aunque encuentre placer siendo "concienzuda," ella también se siente culpable. Si se siente inadecuada sexualmente, todavía se sentirá aún más culpable. Las latinas habitualmente corren "a ver al Padre" para desahogarse de sus problemas pero raramente se le solucionan. Por lo regular, el Padre les ofrece una solución perfecta: Obedece, sé una esposa respetuosa y haz la voluntad de Dios.

La cosa que la iglesia católica ha enseñado poderosamente es que no se permitirá el control de la natalidad. Juzgando por el número de niños que las latinas tienen, las leyes de esta iglesia se llevan a cabo. Pero mujeres, piensen esto *¡cuando la iglesia católica te dice lo que puedes y no puedes hacer con tu cuerpo, te está diciendo que tu cuerpo no es tuyo!* Hasta la fecha, la iglesia sólo autoriza el ritmo como método de control de la natalidad. Es más, todas "las ediciones pélvicas" (como el Vaticano se refiere a ellas)—control de la natalidad, abortos, esterilización, el sexo premarital y que hacer con los homosexuales católicos—siguen siendo un debate tortuoso. La póliza del celibato para los padres es otro problema que no se ha resuelto. ¡En los últimos veinte años más de diez mil padres se han ido de la iglesia para casarse! El Vaticano sigue manteniendo esta posición ilógica a pesar de esto y del hecho que once de los doce apóstoles estaban casados.

Sexismo—¿Dónde Están las Monaguillas?

En sus dos mil años de historia, hay un miembro de la iglesia del cual no hemos oído: ¡las mujeres! Hoy en día se encuentran muchas mujeres muy devotas y religiosas que quieren ser más que monjas, que quieren ser curas. Muchas de ellas están luchando *para* obtener igualdad. Y si la iglesia católica no está escuchando, la protestante lo está. De unas sesenta mil monjas católicas, una tercera parte ha dejado el convento. La mitad de las que quedan tienen más de sesenta años. ¿Le importa a la iglesia? Según el obispo auxiliar de Nueva York, Austin B. Vaughn, no le importa. El dice "si dura el mundo hasta el año 2000, 20,000 o 2,000,000, será una iglesia católica y todavía tendrá un clero hecho de hombres solamente. Es tan imposible tener sacerdotistas como es imposible que yo tenga un bebe." Así como el sexismo perdura en nuestra cultura, el sexismo también perdura en la iglesia católica. ¿Te has preguntado por qué no hay monaguillas?

Bettina R. Flores

¡Es Hora de una Religión Nueva!

Según la lucha para cambiar ocurre dentro de la iglesia, ha llegado la hora de que las latinas le hagan frente al abuso mental del catolicismo y que consideren cambiar. Puede que sea hora de buscar una religión nueva. Aún más importante, las latinas tienen que darse cuenta que la religión fue hecha por el hombre. Las reglas y regulaciones, las prácticas que te empujan y las amenazas molestas, tienen un único propósito—controlar tu cuerpo, tu mente y tu alma. La religión es control, punto.

Es posible tener fe sin el concepto de pecado. Tú puedes creer y amar a Dios y ser una buena cristiana sin sujetarte a la coerción psicológica de una institución. Mucha gente no tiene una iglesia en particular pero sin embargo, mantienen su espiritualidad, su amor a Dios, su conciencia y sus morales. Lo pueden hacer porque usan la mente que Dios les dio para funcionar confiados en sí mismos, sin miedo de retribución. Mantén en mente que contar sólo con Dios es transferirle tus responsabilidades a él. Cristo mismo se valía por él solo, y le insistía a sus discípulos que hicieran lo mismo. El no tenía la intención de que sus enseñanzas fueran abusadas para dominar y manipular o tener poder y autoridad. ¡Cualquier latina que sufre de persecución religiosa tiene que despertarse, enterarse y reorganizar su manera de pensar con un *valor* sereno y premeditado!

Existe una correlación muy obvia y visible entre ser católica, latina y pobre. Por qué es así debe de ser algo investigado y objetado por cada latina pobre. La falta de educación y el no saber algún oficio son algunas de las razones de ser pobre, pero las creencias religiosas pueden aún ser más dañinas. Las actitudes psicológicas pueden ser las primeras en permitirnos ganar la lucha contra la pobreza, especialmente contra la pobreza cíclica.

Lo que tú crees determina la manera en que actúas y llevas a cabo tu vida. Examina estas creencias religiosas:

La pobreza es una virtud.

El sufrir como Cristo es ser como Cristo.

Benditos sean los pobres.

Dios prefiere a los pobres.

En los ojos de Dios, no debo de ser digna—una pecadora—si no El sería más generoso conmigo.

Está bien el ser pobre y el no tener comida, casa, cuidado de salud o cualquier otro recurso vital porque Dios me proveerá en el cielo.

El quejarse de la situación de uno es discutir con Dios (un pecado) de que estás desatisfecha con lo que te ha dado (otro pecado).

Si Dios quiere.

Cuando tú crees en estas doctrinas, te programas a aceptarlas como realidad. La mente absorbe y obedece los mensajes que más se repiten. Por ejemplo, los anuncios de la televisión de treinta y sesenta segundos son repetidos para que se te fijen en la mente. Son tan efectivos que los anunciadores ni pestañean cuando se gastan billones de dólares para programar tu manera de comprar.

El mismo principio se aplica a tu acondicionamiento religioso. Tú recibes y aprendes mensajes de pobreza desde tu niñez. Tu ambiente los arma. ¡Y si no sospechas que tu vida no tiene que ser una carencia, tú crees, aceptas y estás estancada en la pobreza!

El Abatamiento de los Santos

Otra práctica religiosa que refuerza el aceptar el sufrimiento y la pobreza continúa es el uso de un altar en la casa. La estatua de Cristo en el crucifijo, o el Sagrado Corazón de Jesús o la Virgen de Guadalupe son símbolos populares del catolicismo. También son recordatorios de humildad, sacrificio y sufrimiento. Sirven para recordarte que "Ves, Cristo sufrió por tí; ahora tú debes sufrir por él." Es una trampa. Tú sufres por ser pobre, no obstante las estatuas representan aún mayor sufrimiento, haciendo el tuyo parecer, en comparación, insignificante. Entonces tu razonas, "¿Por qué me quejo de mi pobreza cuando Cristo sufrió tanto por mí? No debería de pedir más." Tú aceptas tu pobreza y sufrimiento como la cruz que debes de cargar.

Durante toda sus vidas, las latinas (las más pobres de América) absorben los mensajes que estos altares les repiten. Una vida de inspiración negativa sólo puede producir resultados negativos. Se necesita mucha energía mental positiva y muchas ganas para ganarle a la pobreza. Las estatuas del altar casero, desafortunadamente, no incitan ninguna.

¿Qué lo haría?

En comparación, la gente rica y productiva siempre tiene "símbolos de prosperidad y logros" a su alrededor. Tienen fotografías, pinturas, placas, trofeos, premios, libros, videos, cassettes, carteles y otras cosas que le recuerdan el éxito de sus metas. Ellos usan sus "símbolos" para fijarse en la mente que tienen derecho a obtener buen éxito. Contrario a lo que la iglesia católica nos ha enseñado, no hay nada espiritual o parecido a Cristo en la pobreza. Cristo no era pobre. El era el hijo de un carpintero, en tiempos cuando un carpintero tenía posición social. La túnica de Cristo estaba hecha de la mejor tela. Jesús predicaba la prosperidad y no la pobreza. ¡Acuérdate de eso!

El Ascenso y la Caída del Catolicismo Latino

¿Estás pensando que es hereje, irrespetuoso o pecaminoso que yo hable así? Bueno, hace mucho tiempo que me separé de la culpabilidad del catolicismo. Llega un momento en la vida de todos cuando tenemos que abrir los ojos, abrirlos de verdad, para ver. Entonces, seguro, tienes que reunir un poco de *valor* para cambiar las cosas que ya no te vienen bien. Esto me sucedió a mí cuando tenía catorce años.

Yo era pobre de niña. Sufrí. Vi a mi mamá sufrir, una viuda con siete niños y con un cheque miserable de la beneficencia pública. Vi a todos a mi alrededor sufrir, sin estar seguros de donde vendría la próxima comida. Y con todo esto, la asfíxiense iglesia católica nos venía a buscar cuando faltábamos a las clases de catecismo o a misa e insistía en que nuestra pobreza era la voluntad de Dios. A esto reaccionamos yendo a misa más frecuentemente, observando los días de obligación y participando más en las actividades de la iglesia. Esto no ayudó mucho. Todo quedó igual.

Durante mi primer año de escuela preparatoria un incidente cambió mi manera de pensar. Como mi mamá no podía pagar mi educación, yo trabajaba en el convento para cubrir la matrícula. Un sábado tuve que descascarar nueces de nogal. Durante seis horas miserables, me senté en el piso descascarando las nueces. Mientras más aburrido se convertía el trabajo, más me enojaba. El haber terminado el octavo grado con un promedio de A y el hecho que estaba recibiendo las mismas calificaciones en el noveno, me hizo pensar que no debía de estar haciendo ese tipo de trabajo. Debía de tener un trabajo en la oficina, después de las clases, como mis otras compañeras. Después de considerar esto un rato, tuve el *valor* de preguntarle a la hermana sobre ello. Me dijo, "no."

En mi clase, el lunes siguiente, la hermana Ignacia nos dio un sermón sobre el "ser humilde" y "practicar la humildad," acusándome con sus ojos sin quitarme la mirada de encima. "Jesús," dijo, "era humilde. Lo poco que se nos pide hacer debe ser hecho con amor." Además dijo, "La humildad es una virtud que nos hace parecernos más a Cristo." (Culpabilidad y más culpabilidad.)

Confundida, decidí buscar las palabras "humildad" y "humilde" en el diccionario. Quería estar segura de lo que la hermana quería decir.

humilde—Que se rebaja voluntariamente. Mediocre, poco elevado. De poca apariencia, brillantez o importancia.

humildad—Virtud que resulta del sentimiento de nuestra bajeza. Bajeza de nacimiento. Sumisión, rendimiento.

¡Híjole! ¿La hermana *quería* que fuera humilde? Las ruedas empezaron a girar en mi cabeza. No podía creer que la hermana viera estas cualidades como algo bueno yendo ¡especialmente para mí! Después de todo ¿no estaba a una escuela "buena" y obteniendo "buenas" calificaciones para poder tener "orgullo" propio, para poder mejorar y tener una buena posición de adulta? Yo nací con "defectos y faltas" pero estaba tratando de superarlas por medio de una educación y la dirección de Dios. Sin orgullo no podría sobresalir en esta escuela racista, rica y más pía que nadie. Sólo el competir con las muchachas blancas, ricas, rubias y de ojos azules exigía una cantidad extraordinaria de energía a diario.

En esencia, la hermana me estaba diciendo que me quedara en mi lugar "practicando la humildad." Delicadamente y bajo los auspicios de Cristo, me estaba diciendo que aceptara su visión de mi destino.

¡Esto fue lo último! De momento reconocí el dogma condescendiente de la iglesia católica por lo que era: un medio de controlarnos. Enseñándonos a obedecer e induciendo culpabilidad, las monjas y los padres nos mantenían en nuestro sitio. ¡Con esto terminé mi era de servicio a la iglesia católica!

Me pasé el resto del año escolar agitando descaradamente a la sirvienta humilde de Dios, la hermana Ignacia. Aparentemente ella me perdonó mis pecados, porque a fin de año me escribió en mi libro de recuerdos escolares, "Que Dios te quiera, Bettina triquitraque." (Culpabilidad y más culpabilidad.)

Dominus vobiscum. Et cum spiritu tuo. No cabe duda que la iglesia ha cambiado muchísimo desde mi noveno grado. El formato y el lenguaje han cambiado, el padre dice la misa dándole la cara a la congregación, las monjas usan trajes modernos, las mujeres no tienen que llevar sombrero o velo, las reglas de abstinencia son menos rígidas. Ninguno de estos cambios, sin embargo, altera la coerción psicológica que la iglesia continúa infligiendo a medida que sigue demandando obediencia y servicio. Hasta que la iglesia publique un decreto sancionando el control de la natalidad y convenza a las latinas de que sus cuerpos les pertenecen a ellas mismas (y no a sus esposos, ni a la iglesia, ni a Dios), entonces y sólo entonces, será la coerción disminuída. Muchas latinas que fueron criadas bajo el régimen viejo llevan cicatrices religiosas porque no pueden cambiar su manera de pensar.

Además, últimamente se oyen cuentos que indican que la

iglesia católica tiene problemas—no porque yo la dejé, pero porque *millones* de personas, particularmente latinos, se están haciendo miembros de otras iglesias.

La iglesia mormona se está latino-izando rápidamente por todo el mundo. De cinco millones de mormones en el mundo, el 17 porciento son latinos. En México, el número de miembros mormones aumentó de 75,000 a 276,000 entre 1970 y 1980. En los Estados Unidos hay más de doscientas iglesias mormonas en comunidades latinas.

Los que se han unido a la iglesia mormona nos dicen que la simplicidad del mensaje del evangelio y los programas sociales, culturales y educacionales son la atracción principal. Sí, los mormones también tienen muchos niños. La diferencia es que ellos creen en la educación y la prosperidad y por eso tienen una vida substancialmente mejor que la nuestra.

De acuerdo con "Nuestro," una revista popular española, puede que los mormones latinos no conozcan su religión enteramente, pero saben sus doctrinas mejor que las del catolicismo. La revista cita a una latina ya mayor que se puso de pie en una junta en una iglesia mormona donde se encontraban oficiales y dijo, "Le estoy agradecida a la Virgen de Guadalupe por haberme guiado a la iglesia mormona."

La iglesia mormona no es la única que está luchando por el corazón, cuerpo y alma del latino. La Convención Bautista del Sur en Tejas se llama a sí misma el "grupo más grande del mundo de protestantes de habla hispana," con 1,800 iglesias funcionando y con planes para 4,000 más. La Asamblea Apostólica de la Fe en Jesucristo en Los Angeles (la ciudad con la población más grande de latinos fuera de México) se vanagloria de tener más de cincuenta y dos congregaciones hispanas, y de seguir añadiendo mensualmente. La Metodista Unida también quiere su cuota de latinos y obtuvo su primer obispo hispano en 1985. Ese mismo año, la Iglesia Presbiteriana del Este en Stockton, California, empleó a un ministro latino para que organizara congregaciones de habla hispana allí.

Qué es lo que exactamente está causando el éxodo en masa de la iglesia católica es algo que todavía los representantes de la iglesia no han descubierto. Yo me imagino, que como muchos latinos católicos lo son sólo en nombre, o, más bien, por "la cultura," son candidatos primos para escuchar las promesas de otras iglesias. Sólo el 30 porciento de los latinos van a misa los domingos. El cardinal Silvio Oddi dijo que, "Mucha gente ya no se confiesa." Los servicios católicos siguen siendo aburridos y no motivan. En breve ¡la misa deprime! Elizabeth, una latina joven, dice:

> En la iglesia católica tú no eres una persona, un ser humano, un individuo—eres solamente "un niño de Dios." Nunca me sentí como una adulta, entera, con aspiraciones cuando iba a misa. Raramente recibía algo para mí; sólo iba a dar.

En el mundo tenso de hoy, la gente necesita soluciones para los problemas. Quiere saber como vivir mejor. Quiere oír que Dios los quiere. Aunque las iglesias que no son católicas enseñan que hay un Ser Supremo, también enseñan que los seres humanos en la tierra son dignos y que Dios los ve como criaturas que merecen amor y éxito, salud y riquezas. ¿Por qué no? Si Dios no hubiera querido que lo tuviéramos todo, no nos hubiera dado las mentes tan fantásticas que nos dio. Nos pudo haber creado sin la capacidad de pensamiento, como los árboles o los animales.

Según pierde parroquianos, curas y poder gradualmente, la iglesia católica necesita modernizarse. Enfrentada a la adversidad, la pirámide de autoridad se está derrumbando poco a poco.

Si la iglesia católica se hubiera dado cuenta más temprano de las verdaderas necesidades de la gente y específicamente de las necesidades de los latinos, no estaría en la situación en que está ahora.

En el "Dictionary of Mexican-American History" [Diccionario de historia mexicana americana], los autores Meier y Rivera documentan una inquietud histórica entre los católicos mexicanos americanos.

El chicano puede ser visto como uno que no participa en la estructura oficial de la iglesia y como un objeto de cuidado misionero. De los 59,000 curas americanos hoy día, menos de 200 son chicanos. Se han traído unos 385 padres de España y otros paises, pero ninguno de México. La situación respecto a las hermanas y hermanos religiosos es la misma.

Durante los años sesenta los chicanos empezaron a resistir abiertamente su posición en la iglesia. Desde un punto del sudoeste al otro se vieron protestas y confrontaciones. En San José, California, la organización de curas chicanos (Chicanos Priests' Organization), que había sido formada en mayo de 1969 para proveerle apoyo ministerial y político al movimiento chicano, estacionó piquetes de propaganda el día de la dedicatoria de la catedral de St. Mary's en San Francisco, la cual había costado millones de dólares. Mucha gente consideró la fabricación de esta iglesia como un gasto extravagante en tiempos de mucha necesidad social. Cerca de San Diego, los católicos por la Raza ocuparon el campo Oliver, perteneciente a la iglesia, el 29 de noviembre de 1969, y demandaron que los recursos de la iglesia fueran distribuídos de una manera mejor entre los pobres. En Los Angeles, el 24 de diciembre de ese mismo año, otro grupo con el mismo nombre puso piquetes delante de la catedral de St. Basil. En Las Vegas, Nuevo México, el 26 de agosto de 1973, los chicanos ocuparon el seminario Montezuma que estaba vacante. En Arizona, durante la mayor parte del año 1975, los obispos de Phoenix y una liga de indios y chicanos tuvieron una disputa muy larga.

Dentro de la estructura de la iglesia nacional también ocurrieron protestas. A principios de 1970, los curas chicanos formaron PADRES, Padres Asociados para Derechos Educativos y Sociales, para servir de vehículo para comunicarse con los obispos. Las monjas hispanas formaron Las Hermanas el 3 de abril de 1971.

Meier y Rivera reportan hechos. Uno de estos reportajes inesperados nos revela el prejuicio de la iglesia católica contra unos 1,900 mexicanos. "Aquí y allá, se encuentran carteleras atrás de iglesias católicas que dicen, 'Las últimas tres filas para mexicanos.'"

Religión para la Prosperidad

Porque yo estoy convencida que la iglesia católica ha tenido un papel muy importante manteniendo a las latinas sumergidas y pobres, quiero repetir y darle importancia a que el aceptar la pobreza es una de nuestras debilidades más grandes.

Antes dije que se requiere mucho para vencer la pobreza, pero lo que más se requiere es energía mental positiva y motivo propio. Bueno, eso es lo que de verdad quise decir. Se requiere *valor* y energía mental positiva y motivo propio para:

obtener una educación,

tomar cursos de correspondencia,

ir a la escuela de noche,

enviar veinte resúmenes todas las semanas,

andar por las calles y completar diez aplicaciones de empleo diarias,

decirle a todos que estás buscando trabajo y pedirles que te ayuden,

prepararte físicamente y mentalmente para tener éxito en una entrevista de trabajo,

ocuparte del cuidado de los niños, tu transporte y tu ropa,

empezar con el trabajo que te den pero insistir en poder mejorar tu puesto según aprendas,

mudarte a donde se encuentren buenos trabajos,

determinar con toda tu alma a mejorar tu suerte.

¿Ves lo que el *valor* puede traerte? Cuando te sientes desanimada y deprimida de vivir en la pobreza, sufres. Este sufrimiento incapacita mentalmente y te impide buscar lo que verdaderamente necesitas—¡más dinero!

Deja la rutina del sufrimiento. Así como has sido programada a aceptar la pobreza, puedes programarte a pensar y aceptar la prosperidad y a hacerla tu realidad. Una latina, Josefina, quien se pasó muchos años pobre y deprimida, dice:

Encontré una manera nueva de pensar. Me rindió más leer "The Power of Positive Thinking" (El poder positivo de pensar) una sola vez que de todas las "Ave Marías" y "Padre Nuestros" que he rezado en mi vida.

En vez de las oraciones viejas, trata estos pensamientos de la Iglesia de la Unidad que están llenos de esperanza y buen humor en vez de culpabilidad sofocante.

EL CRISTO EN MI ES LA PUERTA ABIERTA A NUEVAS IDEAS.
COMIENZO UNA VIDA NUEVA DE PROSPERIDAD Y EXITO.

Puede que haya muchas puertas que se abran a la prosperidad y al éxito, pero hay una que puedo estar segura que se abrirá a una nueva y mejor vida para mí.

El Cristo en mí es esa puerta abierta, la puerta que trae nuevas ideas. Estas ideas nuevas son ideas divinas, que son creativas y que traen más prosperidad y éxito en la vida.

Si estoy buscando un empleo o un trabajo más creativo, si estoy anhelando amigos o un sentido de paz interior, puedo lograr lo que deseo según implemento ideas divinas en mi vida.

Según entro por la puerta abierta a ideas nuevas, entro a una nueva vida de prosperidad y éxito. Yo soy una persona próspera, con éxito por medio de Cristo en mí.

BENDICION DE LA BILLETERA

Bendice esta billetera, te pido Señor,
Llénala de nuevo todos los días.

Haz que los billetes entren y salgan,
Bendiciendo a todos alrededor.
Ayúdame a ganar y a gastar sabiamente;
Muéstrame cuando comprar y cuando prestar;
Gracias, Dios, por las cuentas que pagar
Por las cosas que necesito cada día.
Cuando esté vacía, métele más
De Tu inmensa y abundante tienda.

Amén

¡Ten *valor,* Chiquita! Hazte una copia de la "Bendición de la billetera" y guárdala en tu monedero.

SEGUNDA
PARTE

¡Ten Valor, Chiquita!
¡Lo Mejor Está Por Venir!

La Decisión Es Mía

El Valor para Cambiar

¡Felicidades! ¡Has llegado hasta aquí y lo mejor está por venir! Yo sé que los primeros siete capítulos fueron difíciles, pero si te pones a pensar ¡nos han dado la oportunidad de enfocar directamente y profundamente en nuestra cultura! Y ahora, en nuestras manos, ¡tenemos la oportunidad de mejorarnos como resultado de nuestro aprendizaje!

Recuerden, este libro fue escrito para las latinas que *quieren enterarse* de su prisión cultural y que *quieren* cambiar, al igual que ayudar a mujeres de otras culturas con problemas semejantes.

Piénsenlo de esta manera. Un atleta sólo mejora después de que reconoce y corrige sus debilidades. La gente que tiene éxito lo tiene porque aprende de sus fracasos. Los médicos sólo recetan después de diagnosticar.

Ahora, si asumimos que quieres cambiar (si no ¿por qué

compraste el libro?), piensa seriamente cada una de estas declaraciones.

El cambio perturba.

El cambio no ocurre de la noche a la mañana.

El cambio requiere deseo y *valor*.

El cambio no es fácil.

Cuando no hay cambio, todo se queda igual.

Es una cosa, por ejemplo, decirle a tu compañero que agarre su propia cerveza y otra que tú puedas manejar cualquier desquite posible. Declaras, "No voy a ir más a misa," pero tienes que prepararte a hacerle frente a las reacciones de la familia y amigos y muy posible, a tu remordimiento. Afírmate cuando des pasos para alcanzar tu meta, pero a la vez trata de mantener un equilibrio entre tu meta y lo demás que sea importante en tu vida.

Como ya he dicho antes, el cambio puede ocurrir con pasos pequeños o gigantes. *Tú,* sin embargo, eres la única que sabe que acción y cuanto *riesgo* tomar en un tiempo dado, tal como cuanto quieres avanzar. Es esencial que pienses lo que vas a hacer antes de atentar un cambio.

Aquí, en la segunda parte, aprenderás como trabaja la mente y sobre lo que yo llamo filosofías del Poder Mental. El *propósito* de esta parte es ayudarte a que dejes la manera de pensar anticuada atrás para que puedas salir del capullo cultural y adoptar un punto de vista más contemporáneo. Para probar estas filosofías nuevas, necesitarás megadósis de *valor* y *deseo* que sólo pueden venirte de *adentro.* Aquí les digo por qué.

Todo comienza con el Poder Mental de cada individuo. Esta es una ley básica y universal. Es por eso importante que sepas la forma básica en que la mente trabaja y como es persuadida *antes* que intentes una nueva manera de pensar. Esta preparación preliminaria te ayudará a dirigir tus sentimientos al igual que cualquiera duda. En el capítulo próximo hablaremos de las dinámicas del Poder Mental para enseñarles como obtener más de la vida, pero por ahora vamos a abordar como funciona la mente.

Estás leyendo este libro ¿no es así? Cuando quieres dejarlo un rato, el "pensamiento" te viene a la mente. Sin embargo, hasta que no tomes la decisión de dejarlo, la mente no le dice a la mano que lleve a cabo la orden. Este ejemplo es muy sencillo pero, de todas formas, nos muestra como hacemos las cosas. En este momento, la decisión de dejar el libro es relativamente simple.

Si llevamos el ejemplo un paso más allá, el procesar una idea sencilla (siempre comenzando de adentro) puede complicarse cuando le añadimos las dimensiones de actitud, sentimientos, creencias, hábitos y valores. Supone, por ejemplo, que empiezas a dejar el libro. Después piensas, "No. Quiero ver lo que pasa en este capítulo." Lo que crees te dice, "No es una buena idea dejar un capítulo por la mitad." Después, tu voz de adentro te regaña, "Tengo que terminarlo esta noche. No voy a tener tiempo de leerlo mañana." Lo que empezó como una decisión *sencilla* se ha complicado. Como resultado, vacilarás si dejar o no el libro hasta que la influencia más fuerte gana. Entonces actuarás conforme a la decisión. Recuerda cuantas veces te has dicho, "Daría cualquier cosa por decidirme."

Bueno, semejantemente, como ya has aprendido, en un capullo cultural específico, ciertas actitudes aprendidas, creencias y valores están constantemente entrando y saliendo de nuestros pensamientos. Esto es mucho más complicado, porque ahora estamos hablando de muchas influencias—la familia, los amigos, la religión y la cultura—las cuales literalmente nos hacen pasar apuros durante nuestras vidas. Debido a que estas influencias automáticamente tienen que ver con la forma en que tomamos decisiones, el hacer cambios drásticos o enfrentarnos con nuevos retos es muy duro.

No cabe duda: pensar de una forma nueva da miedo. Pero recuerda, la vida que es un poco arriesgada es una estimulante y audaz. Si nunca tratas de hacer algo nuevo, puede que nunca tengas la experiencia de un cambio. Puede que nunca progreses. Sin duda, nunca alcanzarás tu potencial.

Por último, lo que es más importante es que sepas que tú tienes la opción de como vivir tu vida. Tienes la alternativa de quedarte como estás (atrapada en un capullo cultural) o *valientemente* ejercer tu derecho de librarte. Puedes salir como una mariposa de libre pensamiento, como una latina segura de sí misma que adora la vida y que adora como es—al fin, una mujer libre.

Ten valor, Chiquita, ya es hora de que seas libre.

Hazte Cargo de Tu Vida

Seguramente ya sientes una onda de energía que quiere que algo suceda por tu propio poder—¿estás lista para dejar lo anticuado y empezar con lo nuevo?

¡Fabuloso! Aquí tienes tu filosofía nueva:

LA DECISIÓN ES MÍA.
Repite: LA DECISIÓN ES MÍA.
De Nuevo: LA DECISIÓN ES MÍA.

¡Eso es! Métete ésto en la cabeza hasta que se vuelva tu segunda naturaleza: **LA DECISION ES MIA. LA DECISION ES MIA. LA DECISION ES MIA.**

LA DECISION ES MIA es la teoría más básica y de más valor de ayuda propia. Puede ayudar a cualquiera, dondequiera. No importa donde estés, con quien estés, o que estés haciendo, cuando usas estas palabras, verás que tu vida está funcionando de una forma más positiva y que todo marcha como tú lo quieres.

Antes de comenzar, sin embargo, tienes que hacerle frente a una verdad muy importante que de veras te puede ayudar una vez que reconozcas su valor. Puede que sea difícil comprender y creer al principio, pero es el verdadero juicio de la vida. Esta verdad: tú eres responsable de tu propia vida y felicidad. Si, *tú*. No tu mamá, tu papá, tus hermanas, tus hermanos, tu marido, tus parientes, tus amigos, tu amante, tu novio, tus maestros, el gobierno, la iglesia u otra persona o entidad.

Casi todo lo que te sucede a tí es el resultado de tu *acción* o tu *inacción*.

¿Alarmante? No debería de serlo. Es sólo un hecho de la vida que necesitas enfrentar si quieres tener éxito obteniendo lo que quieres. Quiere decir: "Madúra. Hazte adulta." ¿Es muy duro? ¿No crees que puedas? Seguro que puedes. Yo sé que tienes lo que se necesita y pronto lo sabrás tú también. De lo contrario ¿por qué todavía sigues leyendo este libro? Según sigues verás por qué el ser responsable por tí misma es una ventaja. Verás que la fuerza que resulta de aceptar este juicio de la ley básica, LA DECISION ES MIA, pronto mejorará tu posición en casi cualquier situación.

Ahora estás lista para encargarte de tu vida. Cuidado. ¡Esto es dinamita!

Aquí tienes un ejemplo. Estás de compras. Tus niños se están portando mal y la empleada de la tienda te cobró más de lo justo en varias cosas. Has tenido un día largo, tienes prisa para llegar a la casa y preparar una comida especial y crees que la vida te está tratando mal.

¡DETENTE! Piensa por un momento. La vida no te ha escogido a tí para que tengas un mal día. Hay una persona que puede mejorar la situación, y ¡esa persona eres *tú*! Te sientes con tensión; tienes que actuar para aliviarla. LA DECISION ES TUYA. Tómalo paso a paso. Disciplina a los niños firmemente, así saben que eres la que manda. Usando el nombre que la empleada lleva en su traje le dices, "Ay, Carolina, me cobraste más de lo justo en tres artículos." Sonríe y pídele tu vuelto. Olvídate de la comida especial que ibas a preparar. Prepara una más sencilla. Aún mejor, pasa por la tienda de manjares delicados en rumbo a tu casa y compra algo saludable ya hecho. Gastar esto de vez en cuando no te va a arruinar. ¿Ves como LA DECISION ES MIA puede volver a poner control en tu vida?

Pero supone que no tomases acción. Los niños se pondrán más majaderos, tú manejarías a casa demasiado rápido poniendo a todos en peligro y la comida especial parecería tomarte el doble de tiempo mientras que sigues enojada con la empleada de la tienda. ¿Por qué hacerte este daño? ¿No crees que sería más sencillo pasarte de lista antes que la tensión se vuelva más real? Se puede decir mucho de como enfrentarse a las pequeñas provocaciones de la vida cuando ocurren.

Aquí tienes otro ejemplo. Supone que estás en un restaurante chino con tu novio. El pide el plato de siempre para dos aunque tú le habías dicho anteriormente que querías probar algo nuevo. ¿Te supones que se olvidó lo que tú le dijiste? ¿Tienes miedo que crea que estás fastidiando si vuelves a tocar el tema? ¿Te das por vencida con, "Bueno, quizás la próxima vez"? O ¿te tienes lástima y no gozas la comida? ¿Estos pensamientos danzan en tu mente, te consumen y te dejan sin lo que en realidad quieres?

¡DETENTE!

Recuerda tu nuevo lema. Correcto. LA DECISION ES MIA. Tú eres la que está en este aprieto y *tú* puedes hacer algo para remediarlo. Tú misma tienes la responsabilidad de obtener lo que quieres; recuérdate de lo que querías comer y recítalo con ganas. Si no usas el sistema LA DECISION ES MIA, seguro que comerás algo que no quieres.

Es muy interesante observar a la gente esperando en fila. Oyes muchas protestas. "¿A qué se debe la fila?" "El parquímetro necesita más dinero." "El bebito se está inquietando." Todos se apoyan psicológicamente. Todos aceptan la situación sin hacer preguntas, sin realizar que quizás, sólo quizás, ellos tienen algún poder para mejorarla.

La filosofía LA DECISION ES MIA también aplica aquí. Es *tu* responsabilidad saber si estás en la fila correcta. Es *tu* responsabilidad preguntar por qué la fila no camina. Es *tu* responsabilidad poner más dinero en el parquímetro o mover tu carro para que no te den una multa. Es *tu* responsabilidad encontrar otra alternativa a estar en la fila. Es *tu* responsabilidad si decides tolerar una situación intolerable.

LA DECISION ES MIA es lo que más te da motivo. Sin este lema, siempre parecerá como si todo te pasa *a* tí, en vez de *para* tí.

Como otro ejemplo, considera tu responsabilidad a tí misma en relaciones personales. Piensa como LA DECISION ES MIA te puede dar el *valor* de por dentro para separarte de la mala compañía y del grupo al que no perteneces. Piensa si tienes una relación que te ha causado mucha tristeza y que te tiene atascada por falta de fuerza para deshacerte de ella. LA DECISION ES MIA puede ayudarte a empezar de nuevo.

También puedes usar LA DECISION ES MIA en el trabajo, especialmente si quieres un aumento de sueldo. Has oído que un jefe alguna vez diga a un empleado, "María, hoy te voy a subir el sueldo." Por lo regular, no.

Si María de verdad quiere un aumento, ella tiene que recordar, "La decisión es mía. Yo me merezco un aumento. Lo pediré." También es su deber revisar su posición y justificar las razones por las cuales se merece un aumento. Ella tiene que creer en sí misma para que la tomen en serio y tiene que estar firme para obtenerlo. Se tiene que arriesgar a llevar su pedido a cualquier nivel de la administración que sea necesario. Lo mismo sería verdad si quisiera un cambio, una promoción o una nueva posición. ¡La gente obtiene lo que quiere cuando se mueve y lo busca, preparados y con fortaleza!

Deja de Ser la Víctima

Ya debes de estar diciendo, "Pero *no* es solamente mi decisión. Hay muchos que considerar."

Nadie te está diciendo que dejes de considerar a otros, pero que *aprendas a tomar acciones por tí misma con respecto a otros.* Por ejemplo, en fila no le vas a gritar a la gente, les hablarás de una manera educada. A la vez, puedes preguntar si hay otras soluciones. Si te enteras que faltan empleados, puedes decidir regresar otro día. Sabiendo lo que sucede es mejor que esperar por horas, frustrada e inquieta. ¿No crees?

Usando la filosofía LA DECISION ES MIA puede estimularte

a tomar los primeros pasos para realizar algo que quieres o necesitas. Por lo regular, hay veces que tenemos que tomar un segundo, tercer o cuarto paso, o más. El paso principal es ese primero que te pone en marcha, en el que escoges no esperar o ser la víctima. Usando LA DECISION ES MIA, *te pones en marcha para obtener lo que quieres.*

La ama de casa que decide regresar a la escuela se encuentra con un ejemplo perfecto de una decisión que requiere más de un paso para lograr. Ella tiene un marido y tres niños y no sabe como va a poder combinar la escuela y sus deberes caseros. Una vez que toma su decisión, necesita decírsela a la familia. Lo ideal sería que formularan un plan para arreglárselas en casa. Si no recibe su cooperación, ella verdaderamente sabe contra que tiene que luchar. Si regresa o no a la escuela dependerá de cuanto lo desea. En el último análisis, la decisión es de ella.

La filosofía LA DECISION ES MIA suena dura, porque parece que fueras la única actriz. ¿Y qué? Sé *valiente.* Enderézate la columna. Arriésgate. LA DECISION ES MIA es como estar a dieta. Nadie puede perder peso por tí, tienes que hacerlo tú misma. Así como tienes fantasías de verte delgadita, "sexy" y de moda, debes tener fantasías de verte con control de las cosas que quieres.

Actuando y Reaccionando

¿Has estado alguna vez con un grupo de mujeres que no hacen más que quejarse? Se quejan de sus maridos, novios, amigos, niños, trabajos, maestros, carros, precios, ropa, salud, dinero y cientos de otros problemas. Protestan tanto que te preguntas si hay algo que está bien en sus vidas. Protestan porque se pasan la mayor parte de sus vidas reaccionando en vez de actuando. Siempre hay alguien haciéndoles algo *a* ellas, haciéndolas infelices. En vez de usar el punto de vista LA DECISION ES MIA, ellas aceptan las cosas como son y se callan hasta que alguien las escucha.

Reaccionar es dejar que nuestras acciones sean determinadas por otras personas o eventos. Tú estás reaccionando, por ejemplo, si piensas así: "Veré lo que Roberto quiere hacer primero y después si hay tiempo hago lo mío." O "Creo que voy a esperar que las muchachas me llamen antes de hacer mis planes." O "Si Andrea no va de compras conmigo, no iré." La reacción generalmente es la primera acción emocional o reflexión que nos viene cuando no pensamos claramente.

El actuar, sin embargo, es una acción pensada, que pone en efecto un empeño de nuestra voluntad, que hace nuestra propia decisión independiente.

El actuar es orquestrar, es dirigir y completar las cosas según *tú* las tenías pensadas. Por ejemplo, "Roberto, vamos a coordinar nuestros horarios para los dos poder hacer lo que necesitamos." O "Tengo planes; los discutiré con las muchachas cuando me llamen." O "Puedo ir de compras sola si Andrea no quiere ir."

Y a esa lamentadora crónica lo mejor es decirle, "Bueno ¿qué vas a hacer sobre eso?"

Todos somos víctimas de costumbres, pero una de las peores es el reaccionar pues le permites a todo el mundo en tu vida que decida por tí. Quizás tengas otras imperfecciones que crees no poder sobrepasar y por eso tienes muchos deseos . . . deseo poder parar de fumar . . . quisiera ser más energética . . . quisiera no preocuparme tanto . . .

¡DETENTE!

Sólo desear es en vano. Tú eres la que tiene el comportamiento que te hace infeliz. Es tu responsabilidad ocuparte de hacer algo por cambiarlo.

Mucha gente dice, "No puedo . . ." cuando en realidad están diciendo "No quiero . . ."

Para romper cualquier costumbre, tienes que pensar LA DECISION ES MIA. Algunas veces puedes decidir pedir apoyo o ayuda. Por ejemplo, puede que no puedas dejar de fumar sola y buscas la ayuda de algún programa o de consejeros. Afortunadamente, vivimos en un mundo donde siempre se encuentran consejos gratis. No importa cual es el problema, siempre se encuentra cantidad de información gratis. No obstante, el deber de buscar los medios que necesitas es tuyo.

Hay muchas cosas maravillosas acerca de LA DECISION ES MIA. Es gratis. Está disponible para todos. No tiene límites de edad o sexo. Y es controlada por tí. Cuando empiezas a usarla, los resultados son increíbles.

Si Dios Quiere—la Filosofía de una Derrotada

Cuando usas la filosofía LA DECISION ES MIA puedes tener algunas experiencias que chocan con la filosofía antigua de "Si Dios Quiere." Si fuiste criada oyendo "Si Dios Quiere" una y otra vez, probablemente estás programada a esperar a que las cosas sucedan, en vez de hacer que sucedan. De una forma u otra, todos hemos sido programados con mensajes. Algunos nos afectan más que otros, al igual que algunas personas son más afectadas que otras.

Ten en cuenta que probablemente has oído "Si Dios Quiere" millones de veces, has visto como funciona, y todavía no te das cuenta sus efectos en tu manera de ser.

"Si Dios quiere" se parece a "que será, será," pero es mucho más serio por su base religiosa. Estos mensajes nos refuerzan el ser indecisa, pesimista e inclusive nos llevan al extremo de decir "No puedo planear nada para la semana que viene. ¡Puede que ni esté viva!" ¡Esta manera de pensar es totalmente negativa! ¡Estos pensamientos te pueden impedir el alcanzar tus metas!

Durante mi niñez, quería gritar cada vez que oía a mi madre decir, "Si Dios quiere." No importaba de que se trataba el tema, era su respuesta automática. A menudo me preguntaba que sabía Dios de los zapatos nuevos que necesitaba o de la fiesta del cinco de mayo que íbamos a asistir. Si mamá todavía no lo sabía, ¿cuándo le iba a dar Dios la respuesta?

Mi madre no era la única que usaba este lema famoso. Todo el mundo lo usaba. Las llamadas telefónicas siempre terminaban, "Te llamo la semana que viene," y la otra respondía, "Sí, si Dios quiere." Cuando la visita se iba, "Bueno, adiós. Nos veremos en misa el domingo que viene." "Sí, si Dios quiere." Ayyyyyyyyyy . . . ¿Nadie tenía fe en ideas, en planear, en el futuro, en ellas mismas?

Yo no creo que "si Dios quiere" tiene que ver con que si Dios quiera o no quiera que hagamos algo. Ni tampoco creo que El piensa que nosotros esperamos Su luz de guía o la señal verde para hacer las actividades cotidianas. El nos dio una buena mente para tomar decisiones pero hemos olvidado como usarla. Por lo tanto, hemos empezado a depender de El para que nos muestre el camino.

Lo triste de la filosofía "Si Dios quiere" es que se convierte en un pretexto, una excusa y una muleta para la inacción. Sugiere que esperes, cuando quizás deberías moverte. Nos señala una luz roja, y no una verde. Para mí, constituía la actitud, "es inútil." Me hacía sentir que nada mejor iba a suceder mañana porque nada se planeaba o se podía planear de antemano. Esto no es vivir; es existir. Es aceptar lo que venga por delante, sin pensar que podemos encargarnos de la situación, sin esperanzas para una vida más llena.

"Si Dios quiere" es la filosofía de los derrotados. ¡Entiérrala! ¡Rehusa que las palabras pasen por tus labios! Usa libremente el talento, *la mente* y la ambición que Dios te dio. El quiere que los uses bien. ¿Por qué si no te los dio? ¡La decisión no es de Dios, créeme, es *tuya*!

¡Bingo!

No importa quien eres, de donde vienes, con quien compartes tu vida, que estás haciendo o a donde vas, tu vida está basada en tu propia acción o inacción.

Piensa. Toma decisiones. Toma acción. Entonces verás resultados. LA DECISION ES MIA es un concepto crucial. Hoy, en tu vida, siembra la semilla, LA DECISION ES MIA

cuando quiero un vestido nuevo.

cuando quiero un carro mejor.

cuando quiero una casa nueva.

cuando quiero a un novio que me trate como una reina.

cuando quiero amigos respetables.

cuando quiero un trabajo mejor pagado.

cuando quiero terminar mi educación.

cuando me quiero mudar a Hawaii.

cuando quiero hacerme actriz.

cuando quiero ser delgadita y sexual.

cuando quiero una escuela privada para mis hijos.

cuando quiero a un marido más amoroso.

Ahora añade las tuyas, LA DECISION ES MIA

cuando yo _____.

cuando yo _____.

cuando yo _____.

Cuando quiero una vida feliz y llena:

¡LA DECISION ES MIA!

MENSAJE MOTIVADOR

LA ANTIGUA CULTURA	EL NUEVO VALOR
DE CHIQUITA	DE CHIQUITA
SI DIOS QUIERE	¡LA DECISIÓN ES MÍA!

9

El Poder Mental

Durante una entrevista de televisión, Luis Valdéz, un político activista, y famoso autor dramático y director de "Zoot Suit" y "La Bamba," gratamente nos dio su secreto de como ha obtenido éxito en su vida. Cuando se le preguntó que fue lo que le hizo tener éxito, se tocó la cabeza y dijo, "Todo está aquí. Todo consiste en creer en lo que hacemos y en decidir hacerlo."

Luis Valdéz dio a entender cada palabra literalmente. El pasa un "rato tranquilo," todos los días, consigo mismo. Antes de empezar su día, Luis se excusa y dice, "Tengo que hacer lo mío." "Lo mío" quiere decir un sitio tranquilo donde él puede tener un diálogo con cada uno de los pensamientos en su mente. Con mucha concentración, él le ordena a su Poder Mental a convertir sus visiones—sus ideas creativas, las necesidades administrativas de su organización y las necesidades de su familia—en realidades. El se concentra con más energía en su búsqueda implacable de soluciones a los problemas que afectan a los latinos, especialmente a los campesinos. Un creyente firme en "hacer lo suyo," Luis tiene una habitación especial en su casa que usa únicamente para este propósito. Está vacía, sin decoro y se cierra de dentro. "Mientras menos distracciones tengo, más fácil se me hace concentrarme y mejor responde mi Poder Mental," dice Luis.

Como Luis Valdéz, cada una de nosotras posee un potencial de Poder Mental fantástico. Cuando aprendamos a desarrollarlo y usarlo—¡es hora de La Bamba!

Brinca con los dos pies al leer este capítulo. ¡Entusiásmate con las dinámicas del Poder Mental y aprende como *tú* puedes poner tu mente a trabajar a favor *tuyo*!

Lee, aplica, practica. Hazte semejante a Luis Valdéz.

¿Qué Es el Poder Mental?

El Poder Mental se caracteriza por varios conceptos como figurar/imaginar/visualizar, hablarse a sí mismo, manera de pensar positiva y uso de lenguaje positivo y lo-semejante-se-atrae. Puede que estas ideas te sean desconocidas, pero las explicaré a medida que vamos. Hay algunas preguntas después de cada presentación. Tómate tu tiempo entendiéndolas y piensa en las respuestas. Mientras mejor ves y entiendes tus necesidades, más pronto puedes empezar a aplicar las dinámicas del Poder Mental y cosechar los beneficios.

Como ya sabes, todo empieza en la mente con pensamientos. Los pensamientos nos llevan a las decisiones. Las decisiones a las acciones y las acciones a los resultados.

Pensamientos

↓

Decisiones

↓

Acciones

↓

Resultados

Hablamos, lloramos, reímos, nos sentamos, nos paramos, brincamos, jugamos o trabajamos sólo después de pensarlo y que la decisión de hacerlo se ha completado en nuestras mentes. Encontramos trabajo, nos casamos, tenemos niños, vamos a la universidad, visitamos amigos, tomamos vacaciones, vamos a la iglesia o de compras sólo porque la mente nos da el motivo de hacerlo.

Nuestra mente ordena al cuerpo, las acciones, las emociones—en fin, nuestra vida. Algunas funciones, como la digestión y la respiración son involuntarias, quiere decir, suceden sin ser pensadas, aún cuando estamos sin conocimiento. Otras son de reflejos como cuando quitamos la mano de una estufa caliente. Pero, todo lo demás que hacemos, todo lo que somos, está conectado con nuestros pensamientos. Toda la vida—así vivamos en chozas o mansiones, felices o infelices, con estilos anticuados o modernos—se ramifica de ideas encajadas en nuestra mente.

Como Desarrollar Tu Poder Mental por Medio de Imágenes

Vamos a ir más allá. Los científicos nos dicen que sólo usamos el 10 porciento de nuestras mentes. ¡Imagínense lo que podríamos hacer si usásemos el otro 90 porciento! También nos dicen que no pensamos en palabras o pensamientos por sí mismo, pero en imágenes. ¡Imagínense, *imágenes*! Por ejemplo, vamos a decir que quieres un vestido nuevo. En cuanto creas la idea de un vestido nuevo en tu mente, empiezas a ver el estilo, la tela, el color, como queda e inclusive el precio más o menos. Buscas y buscas hasta que encuentras el vestido parecido al que viste en tu mente. Esta es la manera en que realizamos nuestros deseos, así sea un vestido nuevo, un carro nuevo, un hombre nuevo o una vida nueva. Todos vamos de compras con ideas preconcebidas.

Muchos expertos del Poder Mental declaran que la acción de formar estas imágenes mentales de nuestros deseos es la semilla que empuja la realidad. El figurar, imaginar y visualizar quieren decir lo mismo, eso es, formar imágenes en nuestras mentes. Les recomiendo el libro "Magic of Believing" (La magia de creer) y "TNT: The Power Within You" (TNT: El poder de tu ser) por Claude Bristol para más estudios.

Bueno, aquí vamos con algunas preguntas.

¿Qué tipo de vida, si alguna, te has imaginado para tí? ¿Sabías que puedes imaginarte tu vida?

Ahora, aguántate ¡aquí viene la verdadera bomba mental! Se ha dicho una y otra vez que lo que tú te imaginas en tu mente repetidamente, con mucha convicción y energía, tarde o temprano se hace realidad. Déjame repetirlo. ¡Lo que tú te imagines en tu mente repetidamente, con mucha convicción y energía, tarde o temprano se hace realidad! Esto es tan significativo que lo voy a decir por tercera vez. ¡Lo que tú te imagines en tu mente repetidamente, con mucha convicción y energía, tarde o temprano se hace realidad!

¿Dices que es magia? Absolutamente. ¡Es una magia buena y poderosa y *tú* la tienes dentro de *tí!*

Piensa por un momento. ¿Cuántas cosas se han inventado porque alguien tuvo una idea? Bueno, un ejemplo es la máquina de coser que se inventó porque un hombre tuvo la *imagen* de una máquina que podía coser. Piensa en todos los inventos maravillosos producidos porque la gente tuvo imágenes en sus mentes.

Mira alrededor de la habitación donde estás sentada. Los muebles, la luz eléctrica, inclusive la ropa que llevas puesta fueron, en algún momento, imágenes en la mente de alguien. ¡Piensa en los inventos extraordinarios que hemos tenido en este siglo solamente: el automóvil, la automación, los cohetes del espacio, las computadoras, la cirugía láser! Todas estas grandes ideas vinieron de un sitio y sólo un sitio—de las mentes de gentes que tuvieron las imágenes, insistieron en sus imágenes y tomaron acción para hacerlas realidad.

Aquí tienes otra pregunta importante que hacerte. ¿Insistes en las imágenes que tienes de tí?

Piensa de la mente como un jardín. Cuando siembras cosas buenas, buenas cosas crecerán pero cuando no siembras nada, la yerba mala toma posesión. O piensa de la mente como una computadora, mientras mejor está programada, mejor son los resultados. *¡Lo que tienes que hacer es usar tu Poder Mental para obtener lo que quieres de la vida!*

Las imágenes mentales pueden cambiar tu vida para que sea como tu la quieras. ¿Recuerdas cuando te imaginaste o soñaste que algo había sucedido y sucedió? Cuando algo así sucede, la gente tiende a pensar que fue sólo una coincidencia, pero yo estoy convencida que fue un resultado de tus pensamientos. Tú puedes causar que algo suceda porque tu Poder Mental es fuerte. El poder de la mente para hacer que las cosas sucedan es pavoroso.

Así como tu mente puede iniciar una "coincidencia," tú puedes hacer que las cosas sucedan planeándolas. Recuerda, todo se *origina* en la mente. Los pasajes bíblicos, "Lo que el hombre siembra, eso cosechará" y "Según piensa una mujer, así será" nos afirman que las ideas e imágenes que tenemos en la mente afectan nuestra realidad.

Como Piensa una Mujer con Respecto a Cuestiones del Corazón

Tú puedes usar tu Poder Mental para bien o para mal. O puedes no usarlo y dejar que las cosas sucedan por sí mismas. LA DECISION ES TUYA. ¿Has pensado alguna vez como usas tus pensamientos de Poder Mental en una situación romántica?

Vamos a decir que tienes una relación maravillosa con Timoteo. De momento él quiere terminarla. Estás devastada. Lo extrañas muchísimo. Más que nada, quieres que regrese. *Te dices* que estás pasando una agonía enorme. *Te dices* una y otra vez que no puedes vivir sin él. Te pasas las noches triste y desvelada y los días sola, apenas funcionando sin él. Después de seis meses, nueve meses, un año torturándote, empiezas a preguntarte por qué no puedes olvidarlo.

Mujeres, la realidad es que los pensamientos causan sentimientos, y no al revés. Esta es una verdad muy importante. Los pensamientos causan sentimientos pero los sentimientos *no* causan pensamientos. Durante esos meses *tú* le has dado a tu mente miserias románticas y es por eso exactamente que te estás sintiendo miserable. Como *piensa* una mujer así *será*. Los pensamientos que guardas en tu mente te controlan a tí y a tus sentimientos.

Sí, el perder a un ser querido es muy doloroso. Pero tú puedes conquistar tu dolor cambiando tu manera de pensar. Usa tu Poder Mental dinámico y reprograma tu manera de pensar. Repítete, "Te amo, Timoteo. Te perdono, Timoteo. Te dejo ir, Timoteo." Déjalo ir y el dolor se irá también. Sí, todavía llorarás, te sentirás melancólica y quizás hasta odies al mundo; pero si no tratas de dejarlo, puedes hacer que te enfermes y las cosas sólo se empeorarán. Así que siente sentimientos tristes cuando tienes que sentirlos. Al mismo tiempo llama a tu Poder Mental para imaginarte libre y feliz de nuevo, porque lo puedes ser. Es en el momento que la vida nos presenta con torceduras tristes que necesitamos todo el Poder Mental que podamos juntar. El amor duele. El perder duele. Pero la vida es una serie de fines y nuevos principios.

Ahora pregúntate ¿estás usando tu Poder Mental para que trabaje para tí o en tu contra?

Pásate de Lista Hablando de una Manera Positiva para Vencer las Ideas Negativas

En el ejemplo anterior, el murmullo en tu cabeza te causó la mayoría de tu miseria. Todos nosotros murmuramos mucho. El murmullo también es conocido come "hablarse a sí mismo" o la "vocesita" dentro de nosotras. Constantemente conversamos con nosotras—acerca de como nos sentimos, que ponernos, que hacer de comida, si salir o quedarnos en casa, llamar o no llamar, como pagar las cuentas, y por supuesto, me quiere o no me quiere.

¿Has tratado de comprender que tipo de conversación tienes contigo misma? Las mejores ayudan mucho, tienen sentido. Cualquier otro tipo es programación negativa. Cuando te sientes un poco inferior o deprimida, ¿te hablas diciendo "Estoy deprimida. Estoy tan deprimida? ¡DETENTE! Esto es programación negativa y todo lo que hace es reforzar tu depresión. Inmediatamente cambia tu habla a la programación positiva: "Estoy feliz. Estoy feliz. Estoy feliz." Sigue repitiéndolo. Ve a un sitio donde puedas gritar "ESTOY FELIZ" cien veces si tienes que hacerlo. Pero hagas lo que hagas, no dejes entrar de nuevo al "Estoy deprimida."

Un poco de melancolía aquí y allá es una cosa. Si tu depresión dura más de seis semanas puedes tener lo que la doctora Nancy C. Andreason llama "una mente rota" y necesitas atención médica. Búscala.

Si estás angustiada por un problema, no te concentres en el problema si no en la solución. Pídele a tu Poder Mental una solución diciendo, "Necesito una solución para" "Necesito una solución para (nombra el problema)." Repite y repite la parte de "Necesito una solución para" y tendrás una solución. Puede que esto sea difícil de creer pero hazlo de todas formas. Después que te haya servido una o dos veces, te será más fácil creer en tu propio poder.

Así como es importante mejorar el tipo de conversación que tienes contigo misma, es tan importante escrutar el tipo de palabras que usas—porque las mismísimas palabras que usas afectan tu Poder Mental. Supone, por ejemplo, que constantemente te dices "Estoy gorda." La mente absorbe este mensaje y cuando ha sido repetido suficientes veces, actuará en él. Serás gorda porque has programado a tu mente a creer que eso es lo que quieres. Tu mente, a su vez, le ordena a tu cuerpo que sea gordo. Aquí les doy otros ejemplos desastrosos de lo que nos decimos:

No me siento bien.

Siempre estoy cansada.

No tengo tiempo.

Es imposible.

No me importa.

Soy tan tonta.

Mientras más decimos estas cosas, más las realizamos. *¡Todo lo que decimos, si lo repetimos suficientes veces, tarde o temprano se materializa!*

Cuída no sólo lo que te dices pero también el lenguaje que usas con otros, porque el lenguaje nos afecta a todos profundamente.

Cuando le damos a otro un piropo, por ejemplo, a esa persona se le nota la alegría en la cara:

Oye Sara, estás lindísima.

Tu jardín es precioso.

Qué buen trabajo hiciste en ese reporte.

Al contrario, el lenguaje que a veces se usa con los niños tiene efectos muy negativos:

No te va bien en la escuela porque eres muy floja.

Que niña tan torpe, derramaste la leche.

No puedes encontrar tu zapato porque eres muy desordenada.

Convierte éstos a un lenguaje positivo:

Recuerda hoy en la escuela que eres una niña brillante y preciosa.

¡Vaya! Un accidente. Limpia la leche mientras te vuelvo a llenar el vaso.

Tienes ojos de águila, ya encontrarás el zapato.

Todos debemos tener en mente el refrán "Si no puedes decir algo bueno, no digas nada." Todo lenguaje es una forma de sugerencia mental y afecta lo que somos y como somos. ¡Ten cuidado de lo que dices!

Lo que piensas se ve. Tus pensamientos afectan tu postura, expresiones faciales y todo el lenguaje de tu cuerpo. La gente con expresiones de mal ceño están enfurruñados por dentro. La gente sonriente tienen pensamientos felices. La gente con postura alta son enérgicos en sus pensamientos. Tu carácter y tu personalidad vienen de los pensamientos que llevas.

Hazte la prueba del espejo cada vez que pases uno o una superficie reflectante. Contéstate ésto. ¿Qué dicen tus expresiones faciales y el lenguaje de tu cuerpo acerca de *tus* pensamientos?

El Milagro de Como Lo-Semejante-Se-Atrae

Has oído la frase "lo-semejante-se-atrae." Este es otro fenómeno del Poder Mental. Quiere decir simplemente que atraes lo que piensas. Encontraste ese vestido porque tenías una imagen de *como* lucía en tu mente. Puedes usar el poder de lo-semejante-se-atrae para adquirir cualquier otra cosa que quieras traer a tu mundo, así sea una casa nueva, un amigo nuevo o inclusive dinero.

Mi mejor programa de lo-semejante-se-atrae es el que uso para obtener dinero. Lo aprendí de un libro, "The Magic of Believing" (La magia de creer). Todo lo que hago es dibujar signos de dólares una y otra vez. Cuando estoy hablando por teléfono, garabateo signos de dólares así:

$$\$$
$$\$$

Después de llenar un lado de la hoja, la doy vuelta y lleno el otro lado, y después empiezo otra hoja. Dibujo algunos gordos y otros delgados. Le paso por arriba a los que ya dibujé. Dibujo signos de dólares cada oportunidad que tengo. Puede que esto suene como una locura, pero funciona. Por medio del fenómeno de lo-semejante-se-atrae, el dinero me viene en varias formas: un amigo que me paga una deuda vieja, un reembolso que pedí meses antes, un pago por un artículo, vendiendo algo que ya no necesito, una comisión por un escrito, más dinero en mi cuenta de lo que creía tener, un par de billetes de veinte que tenía escondido para un día de lluvia. Es difícil de explicar, pero el dinero me viene, justo cuando más lo necesito.

Tú también puedes hacer ésto. Escribe símbolos de dólares cada vez que puedas y el dinero te vendrá. Debes, sin embargo, creer en este fenómeno, tienes que tener un deseo ferviente para que suceda, y tienes que ser persistente. Vamos a recordar que la pobreza es dolor y que aunque el dinero no es un fin en sí, proporciona las necesidades de la familia y necesitamos obtener más.

¿Qué crees de un novio? ¿Quisieras traer al hombre ideal a tu vida? Ya sabes que sí puedes. Hazte una imagen de como quieres que luzca, su personalidad, su calidad de voz, su posición social e inclusive el tipo de carro que maneja. Cuando te haces la imagen clara en la mente y la mantienes persistentemente, el magnetismo de lo-semejante-se-atrae producirá una. Tal persona será parte de tu vida.

Lo mismo es verdad si quieres una casa nueva. Si quieres una, haz una imagen de lo que quieres. Pon las imágenes positivas en juego. No te ocupes de los detalles, de como la vas a pagar. Eso se arreglará solo. Fervorosamente, imagínate que estás viviendo en ella.

Ahora sí que debes pensar que estoy loca. Nada de eso. Soy solamente una creyente. Cuando eras una niña pequeña, ¿no soñabas con tu príncipe encantador? ¿No soñabas con tu casa con una cerca blanca? ¿Con tener niños? ¿Se realizaron tus sueños? Te apuesto que algunos se realizaron.

Como latinas hemos visto los resultados de no usar el Poder Mental para darle ventaja a nuestra gente. Sabemos que los latinos son gente que trabaja duro. No importa de donde somos, todos poseemos ese plan singular de trabajar para sostenernos y sostener a nuestra familia.

Desafortunadamente, en ésto hemos fracasado, porque el trabajar duro no es suficiente. El trabajar duro no garantiza éxito. Mucha gente trabaja duro toda la vida y no tienen nada que mostrar por ello.

De niña, cuando recogía uvas, vi que aunque trabajábamos duro, no lográbamos nada. El terminar una cosecha sólo significaba que había otra que empezar. Estábamos tan ocupados trabajando, doblados y agachados, que nunca se nos ocurrió pararnos derechos y buscar mejores oportunidades en nuestro alrededor. Tomando el primer trabajo que encontramos, eliminamos las oportunidades de otros mejores. Si hubiesemos usado la mente más y las espaldas menos, hubiesemos tenido más oportunidades disponibles. ¡Qué lástima!

Yo fui afortunada. Yo usé esos años de calor en las viñas para soñar e imaginarme el futuro. Mis conversaciones conmigo misma eran las siguientes: "Odio el calor y este trabajo sucio. Cuando sea mayor voy a trabajar en una oficina con aire acondicionado y vivir en una casa fresca. Voy a ir a la escuela y estudiar para no tener que trabajar en el campo toda mi vida. Me voy a casar con un hombre bueno y generoso. El se vestirá bien y tendrá un maletín."

¿Pueden creer que me casé con tal hombre, quién más tarde se hizo abogado y le encanta la ropa? Obtenemos lo que nos imaginamos. Toda mi vida, las imágenes que he mantenido en mi mente se han materializado. Lo mismo puede y sucederá contigo.

"Los pensamientos de un hombre lo ayudan o lo derrotan" es una verdad. El poder del pensamiento es lo que nos trae el éxito, las riquezas y las ganancias materiales. El pensar creativamente es la llave que necesitas para sobrepasar la pobreza. El creer en tí misma y el tener una fe persistente te puede ayudar a tener una vida mejor.

El Poder Mental para Curarnos

Antes de empezar a prepararte para usar tu Poder Mental para obtener las cosas que quieres de la vida, existe un último milagro de la mente que quiero compartir—el poder de curarnos. Los cuentos de curas mentales se oyen a diario y algunos son tan dramáticos e increíbles que la profesión médica no puede comprenderlos. Muchas de estas curas están basadas en el uso de pensamientos como "Decidí curarme," "Me vi caminando de nuevo," "Sabía que tenía que cambiar mi actitud negativa por una positiva." Cada día hay más clínicas dedicadas a la enseñanza de la programación mental positiva y de técnicas para formar imágenes mentales claras como tratamiento (junto con el cuidado médico convencional) para aún las peores enfermedades. La próxima vez que empieces a decir, "No me siento bien" ¡DETENTE! En vez di, "Me siento bien," "Estoy saludable," "Estoy saludable hoy y para siempre." ¡Repítelo y créelo!

Todo eso es muy importante, especialmente porque estudios en el "Periódico de la Asociación Médica de America" han descubierto que los latinos están en los hospitales por más tiempo que las personas blancas.

Vamos a pensar seriamente sobre esto. ¿Qué mensajes de salud usas para guiar tu vida?

Ahora enfoca en todos estos mensajes del Poder Mental—figurar/imaginar/representar vivazmente en la mente/hablarte a tí misma/pensar positivo y usar lenguaje positivo y lo-semejante-se-atrae. ¿Cuál es el mensaje que lo incluye todo? Sencillamente este: *Convierte tus pensamientos en logros.*

Hay muchos libros acerca del poder de la mente. Lee algunos de ellos. Ninguna de estas ideas es nueva. La que más te gusta es la que debes usar. Pero cree que el Poder Mental es verdaderamente poderoso.

Tú lo Quieres, ¡Tú lo Tienes!

Bueno. Vamos a *empezar*. Busca papel y lápiz. Haz una lista de todo lo que quieres. No seas miedosa o tímida o pienses que eres avariciosa. Sólo hazla. Apúntalo todo—diez o cien cosas, grandes o pequeñas, tangibles o no tangibles, para mañana o para el futuro, para tí o para tu familia. ¡Anota, anota, anota!

¿Para qué son estas anotaciones? Porque el saber lo que quieres es el primer paso para obtenerlo. El segundo paso es tener un deseo ardiente de lograrlo. El tercero es un plan de acción. El cuarto, persistir.

Ahora, repasa tu lista y pon una * (estrella) en aquellos que más quieres. Escribe cada uno de ellos en una tarjeta, usando las palabras que hacen preguntas—Quién, Cuál, Cuándo, Dónde y Por Qué como guía para cubrir todas las bases.

Ejemplo: Yo, María Dolores, seré una estudiante de medicina en _____ *(fecha)*. Me veo dispuesta de toda la ayuda financiera que necesito. Me veo adaptada prósperamente al proceso educativo y a la vida universitaria. Me graduaré el _____ *(fecha)*.

Repítelo y represéntalo vivamente en tu mente.

Ejemplo: Mi familia tiene una casa nueva en la Calle 1234, en algún sitio en los Estados Unidos, en _____ *(fecha)*. Gozamos de cuatro recámaras, tres baños, una habitación de juego, una sala espaciosa, una lavandería y una cocina suficientemente grande para una fiesta. El patio es del tamaño perfecto, con árboles frutales y flores y un buen garaje. El vecindario es tranquilo y limpio. Las escuelas se ocupan bien de los niños. La familia Sánchez tiene una casa nueva, la familia. . . .

Repítelo y representa la imagen en tu mente.

Ejemplo: El trabajo ideal me espera. Para _____ *(fecha)* seré la supervisora del Servicio de Clientes del Departamento de XYZ.

Repítelo y representa la imagen en tu mente.

Escribe datos específicos en cada tarjeta. Incluye cuanta información concreta te sea posible.

Ahora estas son tus tarjetas de afirmaciones. La palabra "afirmación" quiere decir "hacer firme." Vas a usar tus tarjetas para fijar, o hacer firme, la imagen de lo que tienes en mente. Lee las tarjetas y representa las imágenes en tu mente una y otra vez durante el día. Para apresurar el proceso, haz varios grupos de tarjetas, átalos con una goma y colócalas en sitios accesibles. Por ejemplo, yo llevo algunas en mi bolsa. Estas son las que más uso, especialmente cuando estoy esperando en fila. Tengo otras en mi mesa de noche para leer antes de dormirme. También tengo otras pegadas al espejo que uso para maquillarme para revisar por la mañana.

Las tarjetas de afirmaciones son instrumentos poderosos con los cuales programas la mente para obtener lo que quieres de la vida. Sólo puedes tener un pensamiento en la mente en un momento dado, así que, estas tarjetas de afirmaciones te mantienen en la pista y eliminan el murmullo que de otra forma puede monopolizar tus pensamientos. Una vez que te acostumbras a usar las tarjetas de afirmaciones, verás que no necesitarás escribir tus metas. Simplemente crearás nuevas y las recitarás automáticamente. Cuando quieras, puedes cambiar tus afirmaciones.

Mantén *siempre* tu mente afirmando las cosas que quieres. Cuando no estés afirmando una meta específica, afirma una general como esta: "Todos los días, en toda forma, mi vida es mejor."

A mi me gusta esta afirmación en particular porque le puedo cambiar el final para exactamente lo que necesito:

"Todos los días, en toda forma, estoy más saludable."
"Todos los días, en toda forma, soy más rica."
"Todos los días, en toda forma, soy una mejor escritora."
"Todos los días, en toda forma, soy una mejor madre."
"Todos los días, en toda forma, escucho a otros mejor."
"Todos los días, en toda forma, _____."
"Todos los días, en toda forma, _____."
"Todos los días, en toda forma, _____."

O las puedes combinar de una forma dinámica:

"Todos los días, en toda forma, mi vida es mejor en el trabajo, el amor, el juego, la salud, los asuntos monetarios, el cuidado de mis hijos."

¡Llegó mi hora de celebrar!

Mientras más específica la afirmación, más fuerte es la fuerza de atracción. Según lees y recitas tus afirmaciones, hazte una imagen mental de como ya hubieran pasado. Esto crea un poder doble. Recuerda, para que la afirmación se fije, tienes que repetir, repetir, repetir y repetir sin dejar de hacerlo.

Tus afirmaciones se convierten en realidad más rápido cuando tienes un plan de acción. ¿Recuerdas las líneas del capítulo anterior, "Ponte en movimiento"? Por detrás de tus tarjetas de afirmaciones, escribe lo que tienes que hacer para que se realicen tus sueños. ¡Hazlo!

María Dolores: Busca, completa y entrega tu aplicación a UCLA (la Universidad de California en Los Angeles).

Familia Sánchez: Llamen a un agente de bienes raíces. Empiecen a buscar.

Supervisor de XYZ: Aplica para la posición. Empieza la política.

Recuerda ¡tú lo quieres, tú lo tienes!

¡Las Afirmaciones Son Dinamita!

Yo empecé a usar afirmaciones escritas cuando decidí ser una escritora. En realidad, fue mi profesor de escritura quién dijo "Si de veras quieres ser escritora más que nada, tienes que creer firmemente que puedes ser una." El nos dijo que escribiéramos y recitáramos: "Yo soy una escritora. Yo soy una escritora. Yo soy una escritora." Después nos dijo que cambiásemos a: "Soy una escritora que ha publicado. Soy una escritora que ha publicado." Lo hice. Después tomé el próximo paso: "He tenido éxito como escritora. He tenido éxito como escritora. He tenido éxito como escritora." Esto verdaderamente tuvo efecto. ¡Vendí todo lo que escribí! Aparentemente también tuvo efecto para sus otros 1,800 estudiantes, quienes, juntos ¡han vendido más de un $1,000,000 en artículos y libros en los últimos diez años!

Como me gané un carro BMW todavía es un ejemplo más increíble del poder de las afirmaciones. Para todos los incrédulos— todos los detalles de este cuento son verdaderos.

En la universidad donde trabajaba, estaban vendiendo boletos de $100 para la rifa de un BMW. Como no tenía cien dólares, organicé a un grupo de diez personas para comprar un boleto entre todos y escribí diez tarjetas de afirmaciones, para cada individuo. Leía así:

> Yo [*nombre del individuo*] me he ganado un BMW del año 1983 rifado el domingo, 27 de noviembre de 1983, por el American River College en Sacramento, California.

Le instruí a cada persona que recitara la afirmación frecuentemente y que mantuvieran la tarjeta donde la pudieran ver hasta el día de la rifa. Como me iba a ir fuera de la ciudad, pegué la mía en el tablero de instrumentos del carro y la leí al manejar. ¡Nuestro boleto ganó!

¿Estoy segura que estas tarjetas de afirmaciones nos ayudaron a ganar el carro? ¡Absolutamente! Toda la gente del grupo creía en el Poder Mental. ¡Yo sinceramente creo que la energía mental de todos juntos nos ganó el carro!

La última sugerencia, y están en camino. Escribe un anuncio de quince segundos. ¿Un anuncio? Sí, uno como este:

> *¡María!* Conoce a María—una persona importante, muy importante. María, tú *piensas* en cosas *grandes,* así es que piensa así acerca de todo. Tú tienes la habilidad de hacer

137

un trabajo de primera clase, así que haz un trabajo de primera clase. Sé una mujer próspera. Puedes serlo. Tienes mucha energía, María, mucha energía. Ponla a trabajar. Nada te puede detener. Te ves bien, María, y te sientes bien. Tienes buena salud mental, emocional, física y espiritual. Mantente así. Te ves bien y sé astuta. Piensa en términos grandes en *todo*. Cualquier cosa que quieras puede ser tuya. *Cualquier cosa.* Al dinero le gusta estar en tu bolsa. El dinero pertenece en tu bolsa.

Prográmate con tu anuncio, así como lo hacen otros anuncios, usando la repetición. Usa tu anuncio especialmente cuando tienes un día malo. Úsalo para mantenerte animada y en movimiento, para recordarte de la buena persona que eres y puedes ser.

Empieza tus afirmaciones y tu reformación hoy. Puedes tener lo que quieras y necesitas en la vida, si recuerdas usar tu Poder Mental. Tu mente es tu mayor fuerza.

Chiquita, voy a terminar este capítulo con el extracto maravilloso de "Las leyes dinámicas de la prosperidad," un libro de Catherine Ponder, quien quiere que te digas:

Soy un imán irresistible, con el poder de atraer hacia mí todo lo que divinamente deseo, de acuerdo con los pensamientos, sentimientos e imágenes mentales que constantemente entretengo y emito. ¡Yo soy el centro de mi universo! Tengo el poder de crear lo que quiero. Yo atraigo lo que mentalmente escojo y acepto. Empiezo escogiendo y aceptando mentalmente, lo máximo y mejor de la vida. Ahora escojo y acepto la salud, el éxito y la felicidad. Ahora escojo abundancias profusas para mí y para toda la humanidad. ¡Este es un universo rico y amigable y me atrevo a aceptar sus riquezas, su hospitalidad, y a gozarlas ahora!

MENSAJE MOTIVADOR

LA CULTURA ANTIGUA DE CHIQUITA	EL VALOR NUEVO DE CHIQUITA
VAMOS A VER	*PUEDO HACERLO SUCEDER*

Pide y Arriésgate

Como padres nos pasamos los años aconsejando a nuestros hijos informalmente—machacándoles y regañándoles—y formalmente—con explicaciones y discusiones. Les enseñamos a ser morales, tener buenas costumbres, ser limpios, y a que estudien y trabajen duro. Pero sobre todo, anhelamos darle a nuestros hijos esa advertencia, ese mensaje especial que los hará tener éxito en la vida.

El mensaje que yo les machaqué a mis hijos por lo menos un millón de veces es que PIDAN. Para obtener de la vida lo que quieres tienes que aprender a pedir. El pedir significa arriesgarte. Quizás lo haya dicho dos millones de veces porque el arriesgarse es amenazante. Los sermones duraron años pero tuvieron resultados.

Mi hija de catorce años, Anastasia, quien estaba acostumbrada a recibir alguna joya cuando su papá regresaba de algún viaje de negocios, un día me pidió que le dijera a su papá que no le trajera más aretes. Ella quería collares o pulseras. "Bien," le dije. "Cuando llegue tu papá a casa, *pídele* éso. Es tu asunto, no el mío, dejarle saber lo que quieres."

Cuando Anastasia cumplió los diez y ocho años, ella escogió un restaurante local especializado en mariscos para celebrar su gran noche. La comida no le gustó y dijo que deberíamos haber ido a San Francisco a comer la verdadera langosta. "Bueno, Anastasia," le contesté, "Podríamos haber ido, pero tú no nos *pediste* ir a San Francisco."

Anastasia, ya adulta, está aprendiendo su lección y arriesgándose a *pedir,* un día me sorprendió diciéndome que iba a *pedir* un aumento de sueldo de $100. Cuando le pregunté que si esa era la cantidad que quería me contestó que en realidad le hacían falta $300. Mirándola en los ojos, le dije, "Entonces debes de *pedir* $300. Anastasia *pidió* los $300 y le dieron $250.

Como Vencer el Miedo de Pedir y Arriesgarse

Hay muchos tipos de riesgos—riesgos tontos, riesgos pequeños y riesgos grandes. El idiota que insiste en pasar a todo el mundo en la carretera toma un riesgo tonto. Un riesgo pequeño es devolver un vestido sin el recibo y esperar que te devuelvan el dinero. Otro riesgo pequeño sería el pedir un día de descanso durante la temporada de más trabajo. Los riesgos grandes son esos eventos significativos en nuestras vidas—enamorarnos, casarnos, mudarnos, y gastar una cantidad grande de dinero. En un sentido, estamos mejor preparados para tomar un riesgo grande porque los planeamos en el curso de la vida.

Quiero hablar de los riesgos pequeños, que como latinas, debemos tomar a diario. Por lo regular no nos arriesgamos mucho y consecuentemente no alcanzamos o efectuamos mucho. En general, las latinas son *muy* tímidas cuando se trata de pedir o tomar riesgos. Yo creo que ésto es el resultado de nunca haber sido enseñadas a pedir las cosas que queremos o necesitamos. Nuestra programación cultural, nuestra religión que nos hace humildes y el dominio de los hombres nos han prevenido el ser asertivas. Puede que ésta sea la razón por la cual tampoco nos va bien en la escuela. Nos da miedo arriesgarnos y pedirle ayuda a la maestra. Muchas veces nos aislamos de la gran sociedad por no saber inglés y por la falta de habilidades similares a las de ellos. Nos conformamos con los trabajos de menos paga porque, aunque tenemos el intelecto y las habilidades para otros mejores, somos muy tímidas y miedosas para pedir o arriesgarnos a más. Porque no pedimos y tomamos riesgos, fracasamos en ser asertivas en un mundo que esperamos que sea perfecto pero que en vez está lleno de prejuicios, competencia y progreso apresurado. Entonces damos la vuelta, le echamos la culpa al mundo entero por nuestros propios defectos y murmuramos, "Pobre de mí."

La verdadera razón por la cual la gente no pide algo es que en sus mentes ya están convencidos que la respuesta va a ser "no." Sin siquiera tomar un riesgo casual, se entierran a ellos mismos con la manera de pensar negativa. ¿Cuántas veces has dudado antes de hacer algo porque pensabas que algo malo iba a suceder? ¿Has oído esto antes?

Es mejor que no vaya.

Sé que van a decir que no.

¿Qué pasa si llueve?

¿Y si hay mucha gente?

¿Qué pasa si los niños me necesitan?

¿Y si Alejandro se enoja?

La mayoría de las veces el miedo no se materializa, sin embargo nos cohibe de hacer las cosas. El miedo a lo desconocido nos retiene de pedir, tomar riesgos y tomar. ¿No sería dulce la vida si supiéramos todo lo que iba a suceder cada día, a cada hora? Bueno, no lo sabemos, ni lo sabremos nunca. ¡El vencer el miedo de lo desconocido es imperativo!

Dile a Tu Viejo Que Se Sirva Su Propia Cerveza

El arriesgarse significa probar a declarar lo que quieres—así sea un vestido nuevo, un trabajo nuevo, decirle a los niños que se desenvuelvan solos, decirle a tu hombre que se sirva su propia cerveza o sólo dejándole saber a la gente lo que piensas o sientes sobre ciertas cosas. Si tu vida va a mejorar, vas a tener que arriesgarte. Para salir de tu capullo, vas a tener que conocer a gente nueva y explorar ideas nuevas. Tendrás que ir a lugares desconocidos donde el idioma y la cultura pueden ser diferentes y tendrás que desenvolverte por tí misma.

Recobra Tu Animo

Ya que no hay nada más difícil que enfrentarse a las cosas, el tomar un riesgo significa una actitud de LA DECISION ES MIA. Anímate, respira profundo y reúne todo el *valor* que necesitas para tranquilizar los nudos en el estómago, los pies fríos, las palmas sudadas el terror y la náusea. La persona que vence el miedo de pedir y arriesgarse está emocionalmente madura, segura y confiada. La persona que se arriesga a pedir lo que quiere está viva; la que no, prácticamente está muerta.

De día a día el pedir y arriesgarte es importante porque afecta a tu amor propio. Cuando te preguntas un "¿debería o no debería?" tu subconsciente automáticamente impone un juicio de valor. "¿Soy lo suficiente buena?" te preguntas. Si no piensas mucho de tí misma, no pedirás o tomarás riesgos, y mientras más piensas de esta manera menos te creerás digna. Esto *tiene* que (y puede) cambiar. Mientras más a menudo pidas y te arriesgues, más éxito tendrás y más fácil se te hará hacerlo. Como resultado, tu amor propio se elevará.

Para las latinas, el miedo de pedir y arriesgarse en la gran sociedad tiene mucho que ver con la anticipación de que el machete del racismo va a caer. Uno puede ver esto viendo a la latina vacilar cuando actúa por su propio interés en público, así sea en un restaurante, un banco, una farmacia, una estación de gasolina, una tienda, una escuela, un trabajo, una entrevista o una venta de segunda. No hay nada que me enoje más que observar este vacilo y ver a la latina salir sin nada. ¿Cómo se puede detectar esta titubeo? Fácil. La voz baja y no asertiva, el lenguaje de retroceso de su cuerpo, la expresión de su cara que dice no-nos-quieren-aquí y, finalmente, su fracaso.

Una cosa que enfurece aún más es ese tipo de manera de pensar anticuada que Roberta, de treinta y un años, nos muestra, y quien habla por muchas latinas cuando admite:

No sé por qué, pero cada vez que voy a un lugar de negocios, todos están en contra mía. Sé que es sólo porque soy mexicana. Esto me sucede en todas partes.

Estos son sentimientos feos y derrotan a la persona. ¡El fomentar y profesar la idea de que el mundo está conspirando contra tí porque eres mexicana es *El Capullo de Chiquita* en tí! Tú aprendiste este complejo de inferioridad y además permites que te domine únicamente para perjudicarte.

Es dudoso que el mundo entero esté en contra tuyo porque eres mexicana. Es aún más dudoso que al mundo le importe de que raza eres. Sin embargo, si andas todo el tiempo con la cara de vencida y degollada como diciendo, "Soy mexicana, hazme daño," probablemente recibirás condescendencia y abuso. Recuerda las lecciones de hablarte a tí misma y ten cuidado de lo que te dices.

El hecho de que Roberta y sus amigas son tratadas de esta manera no se debe a que son mexicanas sino por la actitud que de muestran. Además, ellas excusan sus fracasos para justificar sus acciones. Todo esto se puede reducir al simple hecho de no querer tomar riesgos. El usar que soy mexicana o latina para evitar pedir y arriesgarse es la forma de vivir de una derrotada.

¡Tú Vales!

¡Escucha! Cuando vas a algún sitio, por cualquier tipo de servicio, ¡espera recibirlo! Acércate a la gente cortésmente con la actitud de que eres una mujer que tienes una misión. ¡Arriésgate! ¡Sé asertiva! ¡Defiéndete! Si de verdad sientes vibraciones negativas, muestra que a pesar del racismo o la actitud fría tú esperas recibir lo que fuiste a buscar. Si sigues desatisfecha, *pide y arriesga* más. Pregunta. Prueba. Empuja. Demanda. Una táctica muy buena es el actuar como si fueras un bombón de malvavisco de quinientas libras, perdiéndoles el tiempo si no te responden satisfactoriamente. Si falla la buena educación, empuja y exige. Personalmente, ¡yo prefiero que me llamen perra que una mexicana tonta! *Pide y Arriésgate.* Yo lo haré. Tú tienes que hacerlo también.

MENSAJE MOTIVADOR

LA CULTURA ANTIGUA DE CHIQUITA	EL VALOR NUEVO DE CHIQUITA
TENGO MIEDO	*¡VALOR! ¡HAZLO!*
	¡PIDE! ¡PIDE ¡PIDE!

11

Planeando Se Puede Ganar en el Amor, la Vida, el Trabajo y el Juego

LA VIDA DE UNA MUJER

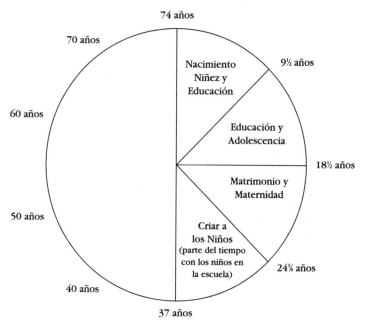

Bettina R. Flores

¡Aquí está! ¡La vida entera delante de tus ojos! Hoy en día las mujeres viven unos setenta y cuatro años y esta estadística está subiendo *rápidamente* a noventa y dos años, según un estudio reciente. ¡Imagínate vivir noventa y dos años! ¡Chihuahua! Eso es mucho tiempo, mucho tiempo en que hacer muchas cosas. ¿Si? ¡Sí! Aquí tienen otro hecho: las mujeres *sobreviven* a los hombres por más de diez años.

Pero fíjense que sólo el lado derecho del círculo está lleno de actividades. El lado izquierdo está en blanco. Nada. ¿Por qué es así? ¿Terminan las mujeres de vivir a los treinta y siete años, a mitad del círculo? Algunas sí. Por ejemplo, ¿qué le pasa a una mujer que no ha trabajado en veinte años y de momento se divorcia o queda viuda a la edad de treinta y siete años? *Nunca* olvidaré la lucha de mi propia madre cuando se quedó viuda a la edad de treinta y tres años con siete niños y dos dólares.

Por otra parte, las mujeres que hacen planes encuentran esta segunda parte de sus vidas llenas con empleos, actividades políticas, servicios en la comunidad, la iglesia o los clubs. El círculo que representa el ciclo de la vida indica algunos hechos importantes para todos. Las mujeres jóvenes en su estado de adolescencia/ educación deben de ver por adelantado lo que se encuentra adelante y planear juiciosamente. Los quehaceres de la casa y la crianza de los niños también debe incluir tiempo para continuar la educación o trabajo para prepararse para la segunda mitad de la vida. Debemos detenernos, marcar donde nos encontramos ahora y pensar seriamente sobre lo que nos espera más adelante. Aunque no podamos cambiar el pasado, definitivamente podemos identificar la etapa en que ahora estamos y planear un futuro nuevo y mejor.

El círculo representa sólo una manera de ver el esquema o diseño de la vida. Aquí hay cuatro interpretaciones más.

1. Juventud—Media Vida—Años de Oro

2. Aprender—Trabajar—Jugar

3. Educación—Trabajo—Familia—Retiro

4. Infancia—Niñez Temprana—Edad de Juegos—Edad Escolar—Adolescencia—Juventud—Edad Adulta—Vejez

Los sociólogos predicen nuestro proceder en la vida:

16–18 Hora de separarnos de nuestros padres.

19–22 Todavía tratando de separarnos. Los amigos se convierten en aliados hasta que se van de la casa. Una vez que se termina la lealtad, estamos forzados a encontrar nuestro propio camino.

23–28 La ora de experimentar y madurar. Sentimos que todo irá bien. Todo está "bajo mi control." Un estado optimista.

29–33 Las diversiones y los buenos ratos nos cansan. Tenemos preguntas más serias: "¿Estoy haciendo lo que en realidad debo de estar haciendo con mi vida?"

34–43 Nos preocupamos de como pasamos nuestros primeros treinta y tres años de la vida. Preocúpate sobre el presente y el futuro. "¿Hay tiempo de cambiar?" Nuestros niños se vuelven independientes y nuestros padres demandan más atención. Necesitamos más apoyo de nuestros esposos, pero ellos buscan el mismo apoyo.

44–53 Nos volvemos estables. La mortalidad se hace real. Los esposos se vuelven a reunir. "Aquí estoy. Puedo enfrentar a la vida."

54 + Un período tierno de acercarse más a los padres y familiares. Las carreras terminan. Dependiendo de la salud y la energía, se hallan nuevas carreras, empleos parte del tiempo, se sigue estudiando, juegos y viajes.

Las Necesidades Humanas y el Proyectar la Vida Según el Señor Maslow

El entender los modelos para planear la vida es muy importante, porque nos permiten ver hacia delante. Son las bases donde edificamos. Sin embargo, para que nuestros ciclos de vida sean completos, y para sobrevivir felizmente, tenemos que nutrir muchas necesidades.

Comida Tenemos que comer para vivir.

Casa Necesitamos un techo.

Amor El amor es lo más esencial.

Fe Necesitamos tener una creencia espiritual fuera de nosotros.

Pertenecer El pertenecer nos da un sentido de identidad.

Un sentido de logro Necesitamos realizar un propósito.

Ser reconocidas Necesitamos ser reconocidos por otros.

Salud Necesitamos estar saludables.

Seguridad Tenemos que sentirnos seguros.

Ser creativos Queremos expresar nuestra creatividad.

Mejorarnos Queremos mejorarnos.

Dinero Tenemos derecho a gozar los frutos de nuestra labor, comprando antojos al igual que lo que necesitamos.

El psicólogo prominente Abraham H. Maslow puso estos modelos de la vida, fases de la vida y necesidades universales en forma de pirámide para nuestro estudio y uso.

La pirámide empieza abajo e ilustra como nos graduamos de nuestras necesidades físicas hasta llegar a las psicológicas. Según se realiza una necesidad elemental, una nueva y más alta emerge. Subimos y subimos hasta que llegamos al nivel de realización propia.

La gente que ha logrado llegar a la realización propia, según Maslow, son "individuos felices, maduros, llenos, cuyas necesidades básicas han sido actualizadas y quienes están gozando los frutos de sus talentos y capacidades y están gozando la vida a lo máximo." La realización propia es la meta principal para la mayoría de la gente, aún si nunca han oído el término. Si *tú* quieres tener una vida rica, premiada y satisfecha, debes hacer lo posible por lograr la realización propia. "Todos tenemos el deseo de alcanzar la realización propia," dice Maslow, "pero también todos tenemos miedo de madurar y esto frecuentemente nos retiene." Una vez que nos damos cuenta de este miedo, no obstante, podemos *valerosamente* aprender a vencerlo.

El planear la vida quiere decir que tienes que ocuparte de todos los aspectos de tu vida y necesidades a la vez. Las habilidades de planear nos ayudan a tomar una dirección y enfocar de nuevo cuantas veces necesitemos hacerlo. Recuerda, cuando no tienes un plan, la vida te controla. De nuevo, cuando no tienes un plan, la vida te controla. Mañana no es el momento de planear. ¡Hoy lo es!

Como Se Quedan Atrás las Latinas

Los mensajes culturales latinos nos hacen más difícil lograr la realización propia que a otros. ¿Por qué? Porque nosotros somos de mucha unión familiar. Usamos casi toda la energía de nuestra vida teniendo niños y sirviendo a nuestra familia, cuando también deberíamos estar nutriendo nuestro propio desarrollo. Esta maternidad excesiva es dominante en *El Capullo de Chiquita* y, desafortunadamente, nos permite muy poco espacio, tiempo o energía para el desarrollo propio.

Cuando vivía en Cuernavaca, Maslow trabajó con un psiquíatra de la Ciudad de México, Rogelio Diaz-Guerrero. Uno de los temas favoritos de ellos era el carácter femenino y las relaciones familiares en México a comparación con aquellas en los Estados Unidos. Maslow estaba intrigado por los rasgos sociales de la mujer mexicana, especialmente las de edad madura quienes él consideraba nobles. El y Diaz-Guerrero concluyeron que "Las mujeres mexicanas llegan a ser tan devotas a sus familias, especialmente a sus hijos, que pierden la chispa y dejan de interesarse en el mundo externo. Las mujeres de clase media económica en Norte América, por lo contrario, tratan tanto de desarrollarse a sí mismas, que han perdido el placer de la maternidad y del matrimonio."

Uno puede preguntarse ¿a quién le va mejor? ¿Quién tiene la mejor calidad de vida? ¿Quién tiene la opción? Francamente, nosotras las latinas tenemos tanto que alcanzar que no tenemos más remedio que dedicar más tiempo al desarrollo propio. Tenemos que mejorar nuestra posición social, proporcionarle a nuestros hijos ejemplos buenos y positivos y salirnos de la pobreza. ¿De qué otra manera nos vamos a salir del capullo?

Debido a la proximidad que tenemos con México, los amigos y parientes vienen a vernos frecuentemente a los Estados Unidos. Cuando vienen de visita o a quedarse, traen la antigua cultura y costumbres que vuelve a saturar la cultura latina semiprogresiva de aquí. La entrada constante de emigrantes de otros países de Latino América hace lo mismo. En parte esto explica por qué nosotros como una clase social no hemos podido completamente deshacernos del capullo anticuado del cual queremos escapar.

En contraste se ve a la mujer negra. Su tierra natal en Africa está al otro lado del mundo. La influencia de la cultura africana en su vida ha sido totalmente cortada porque fue sacada forzosamente de su país. Como no hubo contacto debido a la esclavitud y a la distancia geográfica, la mujer negra no puede ir y venir de Africa y recibe poca visita de allá. Consecuentemente, ella está más asimilada en la sociedad de los Estados Unidos que nosotras y las estadísticas de la mujer negra son un poco más altas que las nuestras.

Decisiones y Destino

¿A qué edad empieza uno a planear su vida? ¿De qué edad te acuerdas? ¿Recuerdas tener tres, cuatro o cinco años?

Cuando mi sobrina Stephanie oyó a Linda Ronstadt por primera vez cantar "Por un amor," apenas tenía cinco años. Le encantaba la canción y aprendió a cantarla tocándola una y otra vez. Porque apenas sabía español, no sabía lo que estaba cantando, sólo imitaba. Si le preguntas a Stephanie ahora que tiene siete años, que va a hacer cuando sea mayor te dice, "Una cantante como Linda Ronstadt." Stephanie descubrió el talento que Dios le dio y empezó a planear su vida cuando oyó a Linda Ronstadt cantar por primera vez. Linda Ronstadt supo su propio destino cuando apenas tenía tres años, oyendo la música mexicana de su padre.

Yo sabía cuando tenía cuatro años que algún día escribiría un libro como este. Oprah Winfrey, quién fue criada por su abuela y quien le daba una "tunda" casi todos los días "por si pensaba hacer algo malo," sabía a la edad de siete años que iba a ser famosa y rica. El darse cuenta del destino de uno puede suceder a cualquier edad. El famoso Julio Iglesias tenía casi cuarenta años cuando una avería de fútbol le causó estar en un hospital varios meses. Cuando supo que nunca más sería un jugador de fútbol profesional, se consoló con una guitarra. Asombrado, descubrió otro talento que Dios le dio.

Cada una de ustedes debe detenerse y examinar cualquier interés de la niñez en adelante. Pregúntate si estás suprimiendo intereses que pueden muy bien ser la clave de tu destino.

Recuerda, no obstante, que ser una de las pocas que tiene un talento natural o un instinto de su vocación no quiere decir necesariamente que alcanzamos nuestro destino en línea recta, sin obstáculos o curvas. La vida es como un campo de golf. Jugamos un hoyo a la vez y hay mucho terreno que cubrir.

No te alarmes si no tienes un instinto de tu vocación en la vida. La mayor parte de la gente no lo tiene. Pero, todo el mundo tiene preferencias personales, deseos y características únicas de personalidad. Cuando estas son identificadas propiamente, te pueden dirigir a la carrera indicada.

Haz Que Cada Día Cuente

El que planea es alguien que lee, hace preguntas, toma notas, investiga, busca, pide consejos, hace llamadas telefónicas, escribe cartas, piensa y analiza. Porque la vida está constantemente cambiando, un buen planeador hace planes alternativos y es suficientemente flexible para cambiar de ruta cuando lo necesita. Para aprender a cambiar hay que usar estas técnicas todo el tiempo, hasta que el planear se convierta en hábito. Para simplificar el proceso, usa esta fórmula corta y fácil de recordar:

Detente

Piensa

Actúa

"Detente, piensa y actúa" se le puede aplicar a las actividades diarias, semanales y mensuales indiferente a quien eres o como pasas tus días. Una ama de casa, debe de hacer una lista de sus tareas y mandados para evitar andar corriendo como loca. Una vez que ve por escrito lo que tiene que hacer, ella puede agrupar las funciones, establecer las prioridades y decidir como hacerlo todo eficazmente. El hacer listas debe de ser un hábito diario.

Alguna gente piensa que los trabajos de la ama de casa son triviales, pero yo no lo creo. Durante un día típico puedes decirte: "Tengo que ir al banco, pagar el teléfono, recoger a los niños después que salgan de la escuela, recoger una pieza para el carro de Benito e ir al mercado. También tengo que limpiar el baño y el cuarto, llamar a mamá y ayudar a Junior a envolver los periódicos."

Una buena manera de hacerlo todo sería:

1. Haz un cheque para la cuenta telefónica. Ponlo en el buzón de tu casa.

2. Limpia el baño y el cuarto después de que los niños se hayan ido a la escuela.

3. Báñate. Vístete. Sírvete una taza de café y llama a tu mamá.

4. Ve al mercado. Guarda los mandados. Prepara la comida.

5. Sal de la casa a la 1:30 de la tarde. Pasa por el banco. Recoge la pieza del carro. Llega a la escuela a las 2:30.

Cuando haces listas, la fórmula "detente, piensa, actúa" se hace automática. El escribir lo que tienes que hacer hace las tareas más claras y manejables. ¿Suponte que no haces una lista y que haces las tareas sin orden ni concierto? Estarás corriendo de un sitio a otro como un pollo degollado.

Si eres una madre con bebés y niños pequeños, debes de verdad "detenerte, pensar y actuar." Planea hacer tus mandados temprano por la mañana cuando los niños están descansados. Más tarde, cuando duermen la siesta, termina lo que falta. Si tienes mucho que hacer, contrata a una cuidaniños.

Así como has planeado tu día, puedes planear tu semana. Yo sugiero que lleven un calendario en la bolsa. Escribe una lista de lo que tienes que hacer cada día. ¡Detente, piensa y actúa! Estudia tu semana. ¿Tienes demasiado que hacer el lunes y nada que hacer el viernes? ¿Puedes cambiar algunos de los trabajos para el viernes u otro día? Antes de comprometerte a algo, revisa las hojas de tu calendario para que puedas medir el nivel de energía disponible. Por ejemplo, si vas a tener a la familiar todo el día el domingo para una barbacoa, puede que no quieras tener un lunes muy ocupado.

Tu calendario es tu guía de planes. Anota tus compromisos tal como las horas de trabajo, horas de clases, ejercicios y las actividades de tus hijos. Cuando sabes tus obligaciones de antemano sabes instantáneamente cuanto tiempo tienes disponible y se te hace la vida más fácil. Te sorprenderás cuando veas la cantidad de tiempo que vas a encontrar en tu vida si sólo la planeas. También es bueno sentirse en control. El saber lo que está pasando en tu vida te da un sentido de dirección y poder. También tu decisión, de decirle que sí o no a invitaciones o compromisos, se hace más fácil.

Si eres una mujer que trabaja tiempo completo, es crítico que hagas planes. Es necesario que siempre tengas un calendario, un libro de direcciones y un librito de apuntes. Ya sabes sobre el calendario. El libro de direcciones es tu libro de recursos. Apunta los nombres de parientes y amigos, las direcciones y números de teléfono de *todo el mundo* con quien haces negocios: doctores, dentistas, escuelas, bancos, agentes de seguro, compañía de autobús, inclusive tu peluquera. En las hojas en blanco de tu libro, escribe el número del seguro social de los miembros de tu familia, los números de las licencias de manejar, cumpleaños y cuentas de negocios. ¿Por qué todo ésto? Porque puede que necesites hacer tus negocios personales de donde trabajas. Así lo hagas mientras trabajas o durante tu descanso o a la hora del almuerzo, el tener tus recursos a mano te hará todo más sencillo.

El librito de apuntes es para eso, apuntes. Apunta lo que tienes que hacer según se te ocurre. Escribe cosas importantes al igual que las pequeñas como: ir a la lavandería, hacer una cita en la peluquería, comprar medias, lubricar el carro, o el título del libro que quieres comprarle a tu abuela para su cumpleaños. Usalo, también, para anotar información, mensajes o ideas pertinentes de tu vida que quieras recordar.

El Trabajo de la Casa y el Grillo Bailando el Mambo

Quizás la tarea más opresiva para la mujer es el trabajo de la casa que nunca termina. Algunos lectores pueden pensar que las tareas de la casa no son importantes en el plan de la vida. No lo son. Desafortunadamente, las mujeres siempre estarán atascadas con estos quehaceres. De todas maneras, tienes que planear el trabajo de la casa porque no vas a querer pasarte las horas de gran valor de tu vida trabajando. Aunque no lo creas, existen libros en como limpiar una casa. Les recomiendo que compren uno. ¿Saben como nos pasamos horas en la cocina? Limpiamos la estufa, saltamos hacia la mesa y rebotamos al refrigerador como grillas bailando el mambo. Los libros de como limpiar casas nos enseñan a limpiar más rápido y eficazmente. Por ejemplo, debes de limpiar la cocina en una sola dirección, en el sentido de las agujas del reloj, sin regresar a donde ya has limpiado. Siguiendo un orden cuando limpiamos elimina las vueltas que damos que tanto tiempo nos toman. Siguiendo el plan indicado en el libro de como limpiar, pude hacer mi limpieza en la mitad de tiempo. Aprendí como hacer una cama terminando un lado antes de ir al otro, para evitar más bailes tipo grillo. El libro indica que se equipe cada baño con sus productos de limpieza para evitar tener que ir de un baño a otro, perdiendo el tiempo.

Es necesario darle a los niños, varones y niñas, sus trabajos de limpieza. Un cuadro con los turnos de los quehaceres los puede mantener ocupados. Claro cuando los niños son pequeños, el trabajo se completa lentamente. Probablemente tu sola lo puedas hacer más rápido y mejor, pero el esfuerzo te rendirá más tarde.

Una amiga mía tiene una teoría buena. Ella tiene niños y

marido y trabaja tiempo completo. Los miércoles por las noches, ella limpia toda la casa. Dice que ya está cansada del trabajo y prefiere estar bien cansada pero poder gozar de una casa limpia y tener el fin de semana libre. Dice que es más fácil obtener la ayuda de la familiar entre semana. En los fines de semana todos desaparecen convenientemente. ¡Orale, Oralia!

No todas podemos limpiar toda la casa en un día o una noche. Yo prefiero limpiar uno o dos cuartos según lo necesiten. Tenemos que considerar nuestras diferencias, nuestras preferencias individuales y personalidades.

MENSAJE MOTIVADOR

LA QUE NO MIRA ADELANTE, ATRÁS SE QUEDA.

Triunfo en la Vida

Conócete a Ti Misma

Bueno, vamos a planear algunas carreras. Busca un sitio tranquilo donde te puedas hacer algunas preguntas. Necesitarás por lo menos una o dos horas, quizás más, o puede que lo tengas que hacer un par de veces. Empieza tus preguntas y prométete completarlas, pues puede ser la mejor inversión de tu vida.

Necesitarás un lápiz y una libreta grande para apuntar las respuestas a los ejercicios de como planear tu vida. Los ejercicios te ayudarán a identificar tus preferencias y te guiarán a algunas conclusiones sobre lo que tú quieres en la vida. Completa *todas* las preguntas sobre tu vida. Necesitas verdadero significado en tu vida. Usa el tiempo ahora para encontrar ese significado "especial," basado en tus preferencias, que hará tu vida más interesante, te ayudará a escoger tu trabajo o carrera y te dirigirá a tu realización propia.

Vamos, Chiquita. Aquí tienes el primer título para tu libreta.

1. **Conócete a Tí Misma.** Empieza con quien eres ahora. Contesta estas preguntas y pronto sabrás mucho de tí misma.

   ¿Quién soy? (Si esta pregunta es muy "difícil," contesta el resto y vuelve a ésta más tarde.)

   ¿Qué talentos o habilidades especiales tengo?

   ¿Qué es lo que más me gusta hacer?

   ¿Qué haría si pudiera hacer lo que yo quisiera?

   ¿Qué quiero de la vida?

   ¿Qué quiero ser?

   ¿Quiero seguir haciendo lo que hago ahora para el resto de mi vida?

   ¿Qué voy a estar haciendo en cinco, diez, o veinte años?

   Mira a tu alrededor. ¿Cuál es tu ambiente? ¿Tu sociedad?

   ¿Estás feliz y teniendo éxito?

   ¿Qué cambios te gustaría hacer?

2. **Haz una Lista de Tus Intereses.** Piensa en diez cosas que te *gusta* hacer, después apunta tres maneras en que puedes ganar dinero haciéndolas. El camino más directo a la satisfacción es escoger un trabajo que te guste hacer. El dinero y las oportunidades vendrán, si tienes el entusiasmo que el verdadero interés trae. Haz lo que te gusta y el dinero seguirá.

3. **Conoce Tus Propios Límites.** Considera tus valores físicos y mentales. Si quieres ser un oficial de la policía o una aeromoza, ¿podrías pasar los requisitos físicos? ¿Te gusta trabajar de pie

o sentada? ¿En sitios con ruido o tranquilos? ¿Te gusta trabajar con otros o independientemente?

¿Sabes si usas el lado derecho o izquierdo de tu cerebro? Brevemente, pero tú tendrás que leer más por tu cuenta, se dice que la gente que usa el lado derecho es creativa, la que usa el izquierdo, analítica. Ya que un lado del cerebro es más dominante que el otro, el saber que lado usas más puede ayudarte a escoger una carrera que sea natural para tí.

¿Eres zurda? ¿Podría ser esto un problema para la carrera que buscas? ¿Cuánta energía tienes? ¿Puedes aguantar un trabajo de diez, catorce o diez y seis horas al día? ¿Tienes éxito en situaciones difíciles o las evitas totalmente? Explora tus habilidades y límites. Sé honesta contigo misma.

4. **Identifica Tus Valores.** Identifica las causas, ideales y creencias a que te quieres dedicar. Identifica que es lo que te motiva. Por ejemplo, buscas autoridad, prestigio, retos, dinero o justicia. Pregúntate:

¿Qué valor le doy a ser una mujer latina?

¿Cuáles son mis valores repecto a los niños? ¿Debería tenerlos? ¿Cuándo? ¿Cuántos? ¿Quién los cuidaría?

¿Qué cualidades quisiera que mi futuro compañero tuviera? ¿Por qué?

¿Cuándo es el momento ideal para casarme?

¿Qué son las cosas más importantes en mi vida?

¿Qué cosas son esenciales en mi vida?

¿Quiénes son las personas más importantes en mi vida?

¿Cómo me han influído estas cosas y personas?

¿Qué mensajes culturales me han afectado más?

¿Cuál es el significado de mi vida?

¿Qué pienso del dinero? ¿Cuánto dinero necesito ganar para llevar el tipo de vida que quiero?

¿Qué pienso de la naturaleza? ¿Acerca de la muerte? ¿Acerca del futuro?

¿Qué valor le doy a la educación, al progreso, a las artes, a los libros, al tiempo?

Exactamente, ¿a qué estoy dedicada?

¿Actúo según mis propias actitudes, creencias e intereses? o ¿los copio de otros?

Completa esta oración: Antes de morir, _____

_____

_____.

Las respuestas a estas preguntas te darán una idea más clara de quien eres, tus preferencias, tus intereses, tus fortalezas y tus debilidades.

Si no puedes completar este análisis por tu propia parte y necesitas ayuda, llama al centro de consultas de la escuela preparatoria o colegio y averigua sobre:

1. Tomar una clase de desarrollo personal. Estas clases por lo regular duran cuatro semanas y se ofrecen varias veces durante el semestre.

2. Tomar las pruebas sobre la personalidad de "Meyers-Briggs o Holland," u otras parecidas.

3. Tomar el programa de computadoras sobre carreras, administrado por uno mismo, que cubre los aspectos principales de como hacer decisiones en carreras (incluyendo los valores, habilidades, programas educacionales e información sobre ocupaciones).

4. Hacer una cita con un consejero de carreras para discutir tus necesidades personales.

5. Pasar un rato en el centro de consultas para familiarizarte con todos los recursos disponibles.

Estos servicios por lo regular son gratis (o cuestan poco) y están disponibles para los residentes de la comunidad al igual que para los estudiantes. Invita a una amiga que vaya contigo. Llama, haz una cita y goza un día de exploración. Te la pasarás bien haciéndolo, y la experiencia levantará tu amor propio y te encaminará como es debido. Recuerda, no hay límite de edad. Con muy pocas excepciones, puedes empezar cualquier carrera si tus motivos y tus deseos son sólidos, o como en realidad diríamos, "con ganas."

Aspira Alto, Ten Sueños Grandísimos

Bueno. Ya debes saber acerca de tus preferencias, aptitudes y habilidades. El próximo paso es empatar lo que sabes de tí con una carrera. Según investigas, ten las siguientes guías en mente:

1. Todas las ocupaciones están orientadas por la naturaleza de sus deberes a "la gente," "las cosas" o "las ideas." Ya debes saber hacia cuales tú te inclinas. Concentra tus esfuerzos en éstas.

2. Aspira alto. Establece metas grandes, particularmente si quieres ganar dinero. ¿Por qué ser tenedora de libros si puedes ser contadora? ¿Por qué cuidar niños en la casa cuando puedes tener tu propio centro para el cuidado de niños? ¿Por qué ser enfermera cuando lo que de verdad quieres ser es doctor? Los sueños grandes producen logros grandes.

3. Nadie sabe más acerca de una profesión que aquellos que la trabajan. Antes de entusiasmarte mucho por una carrera, entrevista a la gente que se dedica a ella. Entérate bien. Después puedes juzgar por tí misma.

4. Obtén experiencia, pagada o voluntaria, en el campo que te interesa. Trabaja tiempo completo o parte del tiempo. Los colegios de la comunidad ofrecen clases trabajando en una variedad de trabajos. Estas clases te dan la oportunidad de obtener experiencia mientras estás trabajando. Aprovecha estos recursos.

5. La mayoría de los trabajos que pagan bien requieren una educación formal. Acepta que la educación es tan necesaria como el respirar y hazla una parte contínua de tu vida. La educación, ya sea una o dos clases al semestre o cuatro años seguidos, lleva un fin en sí mismo. Te recompensa de cualquier manera.

6. Las graduadas de una universidad no son las únicas personas inteligentes del mundo. Mucha gente se educa a sí misma. ¿Cómo? Leyendo, escuchando y observando. Una persona que se educa a sí misma es una que, por ejemplo, empieza un negocio o que toma la iniciativa y emplea el tiempo necesario para superarse de un nivel de entrada a un nivel profesional en su trabajo.

7. Otras opciones en el desarrollo de carreras incluyen aprendizaje, internado, práctica, técnica, comercio y cursos de estudios en la casa. Explora estas opciones también.

8. Cuando puedas, atiende ferias de profesiones. Haz preguntas. Reúne y estudia la literatura disponible.

9. El ser asertiva es necesario para cualquier esfuerzo. Hazte cargo de tu vida según buscas tu carrera. Sé insistente, inclusive exigente, si tienes que serlo.

10. Hazle caso a tus instintos.

Tú puedes escoger una carrera tentativamente pero recuerda que ¡no estás amarrada a ella para el resto de tu vida! El escoger te permite enfocar en una área. Entérate de todo lo que puedas sobre esa profesión. Sé asertiva aquí. Pide y arriésgate un poco y cuando puedas, mucho más. Después de todo, los riesgos son grandes. Estás planeando *tu* vida y *tu* futuro.

Aquí tienes un "Estudio para una Profesión" que te ayudará.

1. Descripción
Nombre de la profesión _____

¿Qué futuro tiene esta profesión? ————————————

¿Cuál es el salario para empezar, promedio y máximo? ————

¿Cuántas horas se trabaja? ————————————

2. Deberes del Trabajo

¿Qué deberes tiene uno que ejecutar?

————————————————————————

————————————————————————

¿Cuáles son los deberes relacionados?————————————

————————————————————————

Marca los deberes que más corresponden a tus abilidades y más te gustan.

¿Serían estos interesantes y estimulantes? ————————

(Si tu respuesta es no, no sigas.) ————————————

3. ¿A qué nivel se empieza o se entra en este profesión?

————————————————————————

¿Cómo puede uno adelantar? ————————————

¿Es el empleo local o nacional? ————————————

¿Sería un problema mudarte? ————————————

4. ¿Cuáles son los requisitos en términos de educación, entrenamiento y experiencia?————————————

————————————————————————

¿Requiere una licencia?————————¿Qué tipo? ————————

¿Requiere herramientas, un carro u otra cosa? ————————

5. Información general

¿Qué beneficios dan?————————————————

————————————————————————

¿Cuáles son las condiciones de trabajo?————————————

————————————————————————

¿Hay riezgos a la salud?————————————————

————————————————————————

Se Habla Español, Inglés y "Computadora"

"The Dictionary of Occupational Titles" [El diccionario de títulos de ocupaciones], que encuentras en la biblioteca o en el centro de carreras en la escuela, tiene una lista de unas cuarenta mil profesiones. Es muy interesante hojear este libro y ver la variedad tan grande de carreras que existen. Esta variedad es lo que hace el planear la vida tan difícil. Según lees las selecciones en los siguientes campos, ten en mente las palabras juiciosas de John Naisbitt, el autor de *Megatrends:* "Para tener éxito de verdad, [en el futuro] tendrás que ser trilingüe: ser competente en inglés, español y computadora."

En las próximas páginas hay una lista de mil profesiones. Léelas en voz alta, con una amiga o sola. Pero hazlo despacio, dejando que tu mente goce y represente vívidamente como te verías en esa profesión. Marca las que más te interesan. Usando tu ejemplo de "Estudio para una Profesión" persevera hasta el final.

Bettina R. Flores

Crea una Carrera en
Las Bellas Artes como una . . .

Actriz
Publicidad de Derechos
   Registrados
Arqueóloga
Arquitecta
Artista
Especialista en Restauraciones
   de Arquitectura
Archivista
Directora Artística
Historiadora de Arte
Maestra de Arte
Terapeuta de Arte
Operadora de Audio
Biógrafa
Editora de Libros
Crítica de Libros
Caligrafista
Cartógrafa
Caricaturista
Compositor
Coreógrafa
Actriz de Circo
Columnista
Artista Comercial
Fotógrafa Comercial
Escritora de Serie

Editora de Imprenta
Diseñadora de Vestuario
Crítica
Bailarina y Maestra de Baile
Locutora de Radio
Editora de Películas
Diseñadora Floral
Periodista en el Extranjero
Escritora bajo un Pseudónimo
Ilustradora
Diseñadora Industrial
Periodista Industrial
Diseñadora de Interiores
Anunciadora Internacional
Diseñadora de Joyas
Arquitecta de Arte y Terreno
Agente Literaria
Escritora Literaria
Fotógrafa Litográfica
Maga
Maquillista
Mostradora de Mercancía
Fabricante de Modelos
Productora Cinematográfica
Veladora de Museo
Especialista de Exhibiciones
Directora de Música

Música
Bibliotecaria de Música
Supervisora de Música
Maestra de Música
Fotógrafa Científica
Ingeniera de Video-Cámara
Programadora de Documentales
Delineante
Maestra de Drama
Asistente de Editorial
Diseñadora de Modas
Editora de Periódico
Fotógrafa de Periódico
Reportera de Noticias
Diseñadora de Paquetes
Retocadora de Fotografía
Afinadora y Técnica de Piano
Fabricante de Marcos
Escritora de Obras
Poeta
Retratista
Alfarera
Marionetista
Anunciadora de Radio y
    Televisión
Lectora

Escritora
Escritora de Ciencias Ficción
Terapeuta de Música
Narradora
Arquitecta Naval
Comentadora de Noticias
Periodista
Guionista
Escultora
Pintora de Carteleras
Platera
Técnica en Sonido
Técnica en Iluminación
Escritora de Discursos
Anunciadora de Deportes
Reportera de Deportes
Directora de Escena
Asistente de Escena
Diseñadora de Escena
Diseñadora de Vitrales
Doble de Película
Taxidermista
Ilustradora Técnica
Directora de Televisión
Directora de Teatro
Escritora de Libros de Viaje

Bettina R. Flores

¿Te Influyen
Los Estudios Sociales?
¿Qué Te Parece una Carrera como . . .

Antropóloga
Estadística
Arqueóloga
Especialista en Restauraciones
  de Arquitectura
Entrenadora Atlética
Oficial de Asistencia
Investigadora
Cuidadora de Niños
Monitora de Niños
Psicóloga de Niños
Encargada de la Ciudad
Psicóloga Clínica
Consejera para Planear Carreras
  Universitarias
Psicóloga Consejera
Criminóloga
Decana
Psicóloga de Desarrollo
Consejera de Drogas
Economista
Psicóloga de Educación
Consejera de Empleos
Entrevistadora de Empleos
Ingeniera Psicóloga
Aeromoza
Directora de Funerales

Geógrafa
Administradora de Hospital
Psicóloga Industrial
Directora de Relaciones
  Industriales
Socióloga Industrial
Analista de Empleos
Juez
Maestra de Escuela
Abogada
Asistente Legal
Ayudante de Administración
Analista en Investigación
  de Compra y Venta
Trabajadora Médica Social
Terapeuta para Ciegos
Penalista
Encargada de Personal
Oficial de la Policía
Geógrafa Política
Detective Privada
Oficial de Vigilancia
Ayudante de Psiquiatra
Trabajadora Social Psiquiátrica
Psiquiatra
Psicóloga
Mayordomo

172

Psicóloga Social
Historiadora
Supervisora de Lugares
   Históricos
Economa Doméstica
Juez sobre el Control de
   Rentas
Socióloga Rural
Encargada de Ventas
Consejera Escolar
Psicóloga Escolar
Maestra de Secundaria
Agente de Venta de Valores
Ecologista Social
Trabajadora Social
Especialista en Problemas
   Sociales
Psicóloga Social
Adjudicadora de Demandas del
   Seguro Social

Trabajadora de Relaciones Púb-
   licas
Planeadora Urbana
Directora de Centro de Recrea-
   ción
Directora de Centro de
   Rehabilitación
Consejera de Rehabilitación
Especialista de Locales
Ayudante de Servicios Sociales
Editora de Estudios Sociales
Socióloga
Superintendente de Escuela
Trabajadora de Estudios
Maestra de Ciegos
Maestra de Sordos
Maestra de Retrasados Mentales
Maestra de Incapacitados
Representante de Entrenamiento
Guía de Viajes

Bettina R. Flores

Traduce Tus Habilidades a una Carrera de Idiomas Extranjeros como una . . .

Recepcionista de Aerolíneas
Cantante
Antropóloga
Arqueóloga
Archivista
Historiadora de Arte
Secretaria Legal
    Bilingüe
Secretaria Médica Bilingüe
Secretaria Bilingüe
Instructora de Esquí Bilingüe
Maestra Bilingüe
Biógrafa
Investigadora
Maestra Universitaria de
    Literatura Comparativa
Recopiladora de Libros de
    Cocina
Inspectora de Aduana
Productora de Películas Docu-
    mentales
Editora de Exámenes de las
    Normas de Lenguas
    Extranjeras
Consejera de Empleos

Etnóloga
Etimóloga
Aeromoza
Comisaria de Abordaje de Vuelos
Estenógrafa de Idiomas Extran-
    jeros
Maestra de Idiomas Extranjeros
Secretaria de Servicios Extran-
    jeros
Geógrafa
Historiadora
Ayudante de Sanidad en la Casa
Recepcionista
Supervisora de Hotel
Agente de Exportación e Impor-
    tación
Especialista de Inteligencia
Lectora
Locutora de Transmisiones
    Internacionales
Abogada Internacional
Representante Internacional
    de Fábricas
Trabajadora de Relaciones Púb-
    licas Internacionales

174

Recepcionista Internacional
Especialista de Relaciones Inter-
nacionales
Trabajadora de Agencia en
Beneficencia Internacional
Compradora en el Extranjero
Oficial de Secretaría en
el Extranjero
Corresponsal en el Extranjero
Oficial de Cambio
Extranjero
Oficial de Correspondencia de
Idiomas Extranjeros
Editora de Idiomas Extranjeros
Verificadora de Pruebas de
Idiomas Extranjeros
Ayudante Administrativo
Misionera
Veladora de Museos
Bibliotecaria Música
Reportera de Noticias

Enfermera Pública
Directora de Centro de Recrea-
ción
Economista de Industria
Internacional
Intérprete
Lexicóloga
Bibliotecaria
Socióloga
Traductora
Traductora de Documentos
Científicos
Agente de Viajes
Guía de Viajes
Escritora de Guías Viajeras
Trabajadora en Servicios de
Información de Viajes
Socióloga Urbana
Oficial de la Policía
Oficial de Bancos
Internacionales

Bettina R. Flores

Experimenta con la Idea de una Carrera en Ciencias como una . . .

Técnica Aeronáutica
Ingeniera de Áereoespacio
Ingeniera Agrícola
Agronomista
Mecánica de Calefacción y
Refrigeración
Mecánica de Aviones
Interventora de Tráfico Aéreo
Maquinista General
Veterinaria
Arqueóloga
Astrónoma
Audióloga
Mecánica de Automóviles
Experta Balística
Bioquímica
Bióloga
Botánica
Técnica de Transmisión
Carnicera
Reparadora de Cámaras
Cartógrafa
Ingeniera Cerámica
Ingeniera Química

Ingeniera Civil
Capataz de Construcción
Asistente Dental
Dentista
Dietista
Diseñadora
Ingeniera Electrónica
Electricista
Técnica de Electrocardiografía
Técnica de
Electroencefalografía
Mecánica Eléctrica
Técnica de Medicina de
Emergencia
Guardia de Pesca y Caza
Trabajadora de Criadero
de Peces
Científica de Comidas
Guardamontes
Directora de Funeraria
Geógrafa
Geóloga
Geofísica
Física de Sanidad

Economía Doméstica
Horticultora
Maestra de Artes Industriales
Ingeniera Industrial
Plomera
Asistente de Higiene Dental
Técnica de Laboratorio
  Dental
Técnica de Laboratorio
Artista de Terrenos
Enfermera
Igeniera Mecánica
Fabricante de Instrumentos
  Musicales
Bibliotecaria de Archivos
  Médicos
Bibliotecaria de Investigación
  Médica
Secretaria Médica
Trabajadora Social Médica
Técnica Médica
Metalúrgica
Meteórologa
Microbióloga
Ingeniera de Minas
Fabricante de Instrumentos
Enfermera Anestesista
Trabajadora de Casa Cuna
Nutrióloga
Terapeuta Ocupacional
Oceanógrafa
Técnica de Salón de
  Operaciones

Analítica de Investigación de
  Opercaciones
Optometrista
Terapeuta de Orientación para
  Ciegos
Naturalista de Parques
Guardabosques
Farmacéutica
Médico
Piloto
Inspectora de Control de Calidad
Técnica Radióloga
Enfermera Registrada
Terapeuta Respiratoria
Ingeniera de Ventas
Sanitaria
Enfermera Escolar
Escritora de Libros de Ficción
Maestra de Ciencias
Conservadora de Terrenos
Topógrafa
Patóloga
Maestra de Ciegos
Maestra de Sordos
Secretaria Técnica
Escritora Técnica
Trabajadora de Líneas
  Telefónicas
Técnica de Servicios de Radio y
  Televisión
Diseñadora de Herramientas
Traductora de Documentos Cien-
  tíficos

Cirujana de Arboles
Veterinaria
Maestra de Agricultura
  Vocacional
Relojera

Especialista de Animales
  Salvajes
Técnica de Maderas
Zoóloga
Terapeuta Física

Según investigas éstos y otros campos, ten en cuenta la eficacia de esos trabajos en el futuro. Mi sobrina, Raquel, de treinta años de edad, leyó en el "Almanaque americano de trabajos y salarios," que se puede encontrar en la biblioteca o centro de carreras, que la demanda de terapeutas físicas aumentará aproximadamente un cuarenta y dos porciento. Ella es una operadora de máquinas ahora, pero se está entrenando para ser terapeuta física. Se pasará cinco años yendo a la universidad de día mientras trabaja de noche. Antes de tomar su decisión, Raquel estudió todos los pasos de este capítulo—preguntas personales, inventario de personalidad, consejos sobre carreras y un estudio de ocupaciones. Ella habló con una terapeuta física y estudió la teoría de Maslow. Con mucho gusto, ella está anticipando tener un futuro seguro y su realización propia.

También es importante comparar sueldos. Abajo se encuentra un promedio de sueldos de algunas ocupaciones. El costo de vida en diferentes ciudades afectan estas cantidades.

Doctor	$ 108,000
Abogado (práctica privada con experiencia)	$ 88,000
Ingeniero	$ 43,000
Arquitecto	$ 36,000
Enfermera (RN)	$ 27,000
Bibliotecaria de Universidad (Master's Degree)	$ 26,000
Camionero	$ 25,000
Electricista	$ 24,000
Secretaria	$ 18,000
Cosmetóloga	$ 17,000

También tenemos que incluir todos los otros caminos a la fama y la fortuna. Que dicen de las ventas—bienes raíces, autos, seguros, bonos y acciones. Existe el mundo de entretenimiento—escritores, productores, actrices de cine y músicos. Cada día hay más y más atletas mujeres. Los inventores de novedades populares como del arco de la hula, la roca favorita y los deslizadores de pared loquitos siempre tienen éxito. Aún más significante, consideren a las empresarias de Mrs. Fields cookies, Carmelita's restaurants, Heidi's frozen yogurt, Ramona's tortilla factory, Estée Lauder cosmetics, Vera scarves and textile designs y, sí, la mujer que creó la Barbie de un billón de dólares, Ruth Chandler.

Tenerlo Todo

Si usas las habilidades para planear tu vida, probablemente tengas más éxito que la persona que no las usa. Lo que significa tener éxito para una persona puede no significarlo para otra. Tener éxito puede significar cocinar los tamales de navidad en una hora, terminar la preparatoria, hacerse ciudadana americana, ser buena esposa y madre, obtener un trabajo normal, hacerse ingeniera, político, maestra, enfermera, doctora, abogada o escritora.

Cada una de nosotras tiene una regla diferente para determinar el éxito. No tiene nada de malo el quererlo todo—éxito, salud, dinero, amor y felicidad. Serás más profensa a tenerlo todo cuando sabes lo que quieres y estás dispuesta a arriesgarte, trabajar y sacrificar para lograr tu *meta*. Si todavía tienes dudas, pega este mensaje en tu espejo.

"Verdaderamente no hay ninguna diferencia entre las mujeres que tienen éxito y las que no lo tienen," dice Maria Nemeth, Ph.D., de la Universidad de California en Davis. "No se trata de habilidades o sabiduría. ¡Las mujeres que tienen éxito *hacen las cosas!*"

¿Estamos seguras de todo ésto? ¡Ten la seguridad que sí lo estamos!

Ha llegado la hora de empezar a hacer planes y estudiar tus inventarios personales. ¡Ahora! ¡Hoy! ¡Llama! ¡Hazlo! *¡Andale!*

MENSAJE MOTIVADOR

LA CULTURA ANTIGUA	EL VALOR NUEVO
DE CHIQUITA	DE CHIQUITA
MAÑANA	¡AHORA!

El Futuro

En el nuevo milenio, la nave espacial de la tarde con destino a la Estación Mesa de la Luna está llena de gente ansiosa que espera pasar un fin de semana de cuatro días.

Alicia y Alan, que llevan diez años de casados, están discutiendo el horario del proyecto de iluminación de la casa que empezaron hace dos semanas. Alicia está trabajando afuera; Alan, adentro. Alicia prefiere hacer el trabajo de afuera pues así puede practicar sus canciones de mariachis al aire de la luna y porque prefiere rebotar de un lado a otro en su traje brillante lunar. Alan quiere hacer el trabajo adentro para poder ver el partido de fútbol entre la tierra y la luna en la televisión robot que lo sigue según trabaja. Compartiendo el trabajo podrán terminar para el sábado lo cual les dejará el domingo y lunes libres.

Como todos los enamorados, Carlota y Pedro están felices saboreando unas margaritas en la luna. Se pasaron el día en la tierra comprando ropa para bebés. Llevan seis años de casados y tendrán su primer bebito el mes que entra. Ellos tienen planeado tener solamente dos niños—un plan que coincide con sus inversiones y el sueño de tener dos casas, una en la tierra y otra en la luna, pues Carlota quiere que cada niño herede una casa el día de mañana. Carlota le dice a Pedro, "Déjame ver el balance de nuestra cuenta de ahorros otra vez." Pedro levanta su muñeca, marca el código y la computadora en su muñeca ilumina un reporte de los ahorros. Carlota abre el medallón en forma de corazón que lleva colgado del cuello, verifica la cantidad que Pedro le indicó, y sonríe. Feliz dice, "Todo nuestro trabajo y educación nos ha venido muy bien."

En el octavo nivel de la nave espacial, Carolina y Cristina, compañeras desde el primer año universitario y ahora doctoras de filosofía, comparan notas sobre los requisitos de la Universidad de la Luna para buscar otro doctorado. Carolina tiene un gran número de credenciales. Ella trabaja como consultora y está en demanda por su experiencia en la Espacialidad y el Vivir de Familias Multiculturales. Cristina, una Física del Espacio, ha recibido muchísimos premios por su descubrimiento de elementos microlunares esenciales para el cultivo de la comida en la luna. Su trabajo la hace pasar mucho tiempo en el laboratorio, pero sus libros la tienen viajando alrededor del globo y el sistema solar. Las dos están bien educadas y economicamente establecidas para toda la vida. La única preocupación que tienen es como llenar sus vidas con más retos, y es la razón por la cual las dos tienen planes de obtener otro doctorado en un campo totalmente diferente.

En el nivel más bajo de la nave espacial, el ruido es casi ensordecedor. Muchos niños de diferentes edades y razas corren felizmente como si estuvieran en sus casas. En todo el ambiente se oye la música multicultural, una serie de sonidos japoneses, ingleses, chinos, italianos y latinos. En este vuelo y nivel, los padres son los encargados. Las madres atienden clases de su gusto—aerobicaespaciales, meditación, belleza del cuerpo, o programas de educación.

Cuando toca el timbre de la comida, los padres automáticamente dejan sus cervezas y corren para sentar a los niños. Según los niños se organizan, una niña latina y un niño latino chocan y empiezan a discutir sobre quien empujó a quien. El niño, sin ganas de discutir el asunto, le da un puñetazo a la niña en el estómago y ella se dobla del dolor. En menos de un segundo, ella lo agarra del brazo y lo tira al piso. Se le sube en la espalda, se le sienta encima, y con toda su fuerza le dobla el brazo hasta que él dice, "¡Me rindo!"

El padre se les acerca para acabar con la lucha y le dice al niño, "Es mejor que le tengas más respeto a nuestras señoritas. Ya se acabaron esas mañas antiguas."

"Sí," dice la niña, "¡basta!"

Como Encontré Mis Alas

Sí, es cierto. Me fui de casa cuando tenía doce años.

Respondí a un anuncio en el periódico solicitando una ayudante de madre. Dos llamadas telefónicas y una hora más tarde, di el paso que cambió mi vida para siempre.

No fue muy difícil. Llamé a la señora que puso el anuncio y ella llamó a la Madre Superiora, la directora de la escuela católica que asistía, para pedirle referencias. En una hora, esta señora desconocida estaba estacionada frente a nuestra casa, esperándome para llevarme a su casa donde yo iba a ayudarla con sus tres niños pequeños.

Con mi maleta de cartón que contenía mis pocas pertenencias, me metí en su carro y le dije adiós a mi mamá. No sabía ni a donde iba. No me importaba. Sólo quería salir de donde estaba.

Mi mamá ni lloró ni protestó. Yo no lloré. No herí a mi madre. Si a caso, le hice la vida más fácil yéndome. Era incompatible lo que ella me podía ofrecer y lo que yo quería. Por alguna razón las dos comprendíamos ésto. Ese día, yo me convertí en una niña libre con la determinación de cuidarme.

Estoy segura que no sabía lo que quería o lo que estaba buscando entonces. ¿Qué niño sabe? Pero sabía, no obstante, que lo que tenía no lo era. Sabía que tenía que buscar mis sueños en otro lugar o quedar atrapada para siempre en el lado oeste de Fresno, California.

Desprecié mis primeros doce años más que nada porque fueron tan aburridos. No me hizo daño comer papas y frijoles todos los días. Trabajando en los campos de tomates, uvas, algodón y cortar duraznos, fue duro pero también me gustaba gastar el dinero que ganaba, y no tuve más remedio. Tenía que llevar el mismo vestido a la escuela cinco días a la semana y me daba vergüenza, pero también se avergonzaban las otras niñas.

No. Desprecié mi niñez porque el trabajo de la vida hundían a todo el mundo. No habían aventuras y no existían discusiones acerca de ambiciones personales. Lo peor de todo, no habían esperanzas para cambiar. Cada año las temporadas venían y se iban. Existíamos únicamente reaccionando a todo a nuestro alrededor, año tras año.

No crean que quiero hacerles pensar que todo era malo. La mayor parte del tiempo yo era una niña feliz. Jugaba con muñecas y platos. Jugaba a los indios y vaqueros. Cambiaba muñequitos los sábados. Patinaba alrededor del complejo de edificios subsidiados por el gobierno hasta que oscurecía o me hacían entrar. Iba al parque todos los días en el verano, donde participaba en clases de artes y oficios, bailes folklóricos, ballet acuático y casi todos los deportes. Perseguí niños. Ellos me persiguieron a mí. Mi mejor amiga se llamaba Irma. Dormí en su casa; ella durmió en la mía. Nos prestábamos la ropa. Ibamos al cine y a bailes juntas, nos metíamos en líos juntas.

Mis horas favoritas, sin embargo, me las pasaba sola, acostada en los campos de amapolas entre las chozas, soñando con algún día tener una vida mejor, bajo el cielo azul prometedor y la brisa energética bailándome en la cara.

De todas formas, yo quería que algo pasara. Quizás quería que algo o alguien interrumpiera la rutina con, "¡Oye, me compré un carro nuevo!" O "Nos vamos a mudar a San Francisco." O "Tienes que leerte este libro. Está fabuloso," o inclusive, "Vamos a dar una vuelta por el otro lado del pueblo para ver como se ve."

Yo creo que tenía el impulso de mudarme desde pequeña, porque la curiosidad de como era el otro lado del pueblo me consumía. Cuando alguien venía a vernos con un carro, yo era la primera en decir "Vamos a dar la vuelta."

Parece que siempre me fijaba en la manera de ser de mis hermanas y hermanos mayores. No sé por qué. Hacían todo lo normal como ir a la escuela, al trabajo y a misa. Observaba a mis hermanas con sus novios. Cuando no estaba de acuerdo con sus selecciones se los decía y por qué. Está muy chaparro. No es inteligente. No tiene trabajo. Por supuesto, como estaban hipnotizadas con el romance de la adolescencia, nunca me hacían caso. Mi madre nunca sabía de los novios porque se escapaban con ellos. Tenían que hacerlo. Una vez mi mamá descubrió a una de mis hermanas y la persiguió a ella y al novio con un palo largo y duro. Los dos recibieron una tunda. Otra de mis hermanas era "terca" y se escapaba mucho de la casa. Mi pobre madre creía que le había fallado.

Mis dos hermanos parecían ser intocables. No se les podía decir nada. No sé por qué, pero la mayoría de las veces tenía miedo inclusive de mirarlos. Me imagino que eran muy superiores, muy machos.

Yo diría que la vida diaria era bastante normal. Era yo la que necesitaba y quería un cambio. ¡Y aquí estaba!

Mi nueva jefe vivía en Fig Garden, un vecindario muy prestigioso en esos tiempos. Me acuerdo que pasamos por una parte que se llamaba Christmas Tree Lane y pensé que me estaba secuestrando. Yo creía que no habían casas más allá de Christmas Tree Lane, que no había una civilización. De momento asustada, pensé lo peor—encontrarían mi cuerpo más tarde, en algún campo remoto y al mismo tiempo que me empezó el miedo, me empezó el remordimiento. Podía oír a mi madre diciendo, "Te dije" y "Por vaga." Pero, por supuesto, mi imaginación se estaba llevando lo mejor de mí cuando volví a mis cinco sentidos y todo andaba bien.

Mi nuevo ambiente era un sueño. La casa lujosa, carros, dinero, festejos y la variedad y calidad de comidas eran increíbles. Estas indulgencias y calidad de vida eran más de lo que una niña de doce años del Pueblo Pobre podía comprender.

¿Estaba yo impresionada? Seguro. ¡También estaba furiosa! Estaba furiosa que hubiera gente que tuviera más de lo que podía usar o inclusive necesitar mientras *nosotros,* que sólo vivíamos a diez millas de ellos, no teníamos nada. No es justo, me dije. Ellos tiraban frívolamente lo que nosotros hubiéramos agradecido. Sus vidas estaban realizadas y planeadas, eran abundantes y estimulantes; las nuestras de pobreza y sin planes, de sacrificio y aburridas.

Todavía siento esta furia. Lo que quería saber era *¿cómo* habían logrado esa calidad de vida? ¿Qué los provocó a obtener esas ventajas? ¿Alguien les transmitió este estilo de vida? ¿Qué sitio en el mundo trabajador ofrece ese tipo de comodidades? ¿Cómo podría yo alcanzar a tener algunas?

Me encantó mi trabajo de cinco-dólares-a-la-semana en Fig Garden. Los tres niños y yo fuimos a una escuela católica juntos.

Mis deberes eran que los niños hicieran las tarea, tuvieran uniformes limpios, limpiaran sus zapatos *bien* blancos, prepararan los almuerzos y que dijeran sus oraciones en la noche. Cuando ellos jugaban, yo jugaba. Después de todo, yo también era una niña. Una vez la señora me pidió que le planchara. Seguro que creía que iba a ser una de esas latinas súper domésticas así es que me aseguré que las blusas quedaran húmedas y arrugadas y nunca más me lo volvió a pedir.

Me he de haber visto muy harapienta pues una vez me llevó de compras. En realidad ¡me llevó a que me transformaran con un corte de pelo, tratamiento facial, manicura y ropa y zapatos nuevos! La peluquera dijo que tenía el pelo muy fino y me preguntó disimuladamente si era "española." Le dije "No, soy mexicana." Este dicho se convirtió en mi enojo favorito. La niña del barrio estaba lista para ponerle unos trancazos a cualquiera que se refiriera a *ella* como "española."

Después de mi primer año como ayudante de madre, me fui con otra familia, otra mansión, después a otra, otro castillo, hasta que me gradué de la escuela preparatoria.

Hasta hoy en día, me sigue gustando el cambio porque trae estimulación, riesgos nuevos, más aventuras, gente nueva, lugares nuevos e ideas nuevas.

El cambio es la esencia de la vida. ¿Has visto alguna vez una mariposa salirse de su capullo? No sale sin dificultades y vuela. Trabaja despacio, reposando una y otra vez. Y cuando por fin sale, su cuerpo todavía tiene la forma del capullo. Poco a poco se despliegan las alas y la mariposa las mueve, secándolas en el sol y agitándolas con cuidado hasta que se sorprende volando momentáneamente. Apresurada se agarra del capullo de nuevo, colgada y esperando. Y después, como por un milagro, llega el momento en que sabe que puede volar y deja el capullo y se desliza en el aire fresco y soleado.

Y tú también, Chiquita,
      puedes salir de tu capullo,
         confía en tus alas,
           y vuela . . .

Lectura Sugerida

La educación, formal o informal, es una de tus mejores compañeras en la vida. Cuando todo parece fracasar—tu propia energía, tu familia, tus amigos, el sistema—tienes la educación, como un aire fresco de toda la vida. La educación te ayuda a aprender, a ser una librepensadora, independiente, creativa y a entender el verdadero significado de la vida. La educación es lo que madura a la persona. Un camino encantador a la educación es la lectura. Haz una costumbre de leer durante toda tu vida.

Esta bibliografía está dividida en secciones para ayudarte a leer de acuerdo con tus intereses. La mayoría de estos libros, de ficción y no ficción, los puedes encontrar en la biblioteca o en una librería. Si no los tienen, puedes pedir que los ordenen.

Estudios de Mujeres

Bird, Caroline. *Born Female.* New York: Pocket Books, 1968.

De Beauvoir, Simone. *The Second Sex.* New York: Alfred A. Knopf, 1952.

Dowling, Colette. *The Cinderella Complex.* New York: Pocket Books, 1981.

Edwards, M., and E. Hoover. *The Challenge of Being Single.* New York: Signet Books, 1975.

Estés, Clarissa Pinkola, Ph.D. *Women Who Run with the Wolves.* New York: Ballantine Books, 1992.

Friday, Nancy. *My Mother My Self.* New York: Dell Books, 1977.

Friedan, Betty. *The Feminine Mystique.* New York: Dell Books, 1963.

Friedman, Sonya. *Men Are Just Desserts.* New York: Warner Books, 1983.

Goldstein, Daniel, Katherine Larner, Shirley Zuckerman, and Hilary Goldstine. *The Dance Away Lover.* New York: Ballantine Books, 1977.

Hite, Shere. *The Hite Report.* New York: Alfred A. Knopf, 1987.

Hulst, Dorothy J. *As a Woman Thinketh.* California: DeVorss & Co., 1982.

Norwood, Robin. *Women Who Love Too Much.* New York: Pocket Books, 1985.

Psicología, Inspiración, La Nueva Era

Bristol, C.M. *The Magic of Believing.* New York: Pocket Books, 1948.

————, and H. Sherman. *TNT: The Power Within You.* New York: Prentice Hall, 1954.

Butler, Pamela. *Talking to Yourself.* New York: Stein and Day, 1981.

Carnegie, Dale. *How to Stop Worrying and Start Living.* New York: Simon and Schuster, 1971.

————. *How to Win Friends and Influence People.* New York: Simon and Schuster, 1937.

Dyer, Wayne. *Your Erroneous Zones.* New York: Avon Books, 1976.

Hill, Napoleon. *Think and Grow Rich.* New York: Fawcett, 1960.

Kassorla, Irene C. *Go for It.* New York: Delacorte Press, 1984.

Lerner, Goldhor Harriet. *The Dance of Anger.* New York: Harper and Row, 1985.

MacLaine, Shirley. *Out on a Limb.* New York: Bantam Books, 1983.

Maltz, Maxwell, M.D. *Psycho-Cybernetics.* California: Wilshire Book Company, 1960.

Mandino, Og. *The Greatest Salesman in the World.* New York: Bantam Books, 1968.

Maslow, Abraham H. *Toward a Psychology of Being.* New York: Van Nostrand Reinhold, 1968.

Murphy, Joseph. *The Amazing Laws of Cosmic Power.* New York: Prentice Hall, 1989.

Naisbitt, John. *Megatrends.* New York: Warner Communications, 1982.

————. *The Year Ahead.* New York: AMACOM, 1984.

Ostrander, Sheila, Lynn Schroeder, and Nancy Ostrander. *Super-Learning.* New York: Dell, 1979.

Peale, Norman Vincent. *The Power of Positive Thinking.* New York: Walker and Company, 1985.

Ponder, Catherine. *The Dynamic Laws of Prosperity.* California: DeVorss & Co., 1985.

————. *The Millionaire from Nazareth.* California: DeVorss & Co., 1979.

————. *Secret of Unlimited Prosperity.* California: Book Graphics, 1981.

Ross, Ruth. *Prospering Woman.* New York: Bantam Books, 1982.

Viscott, David, M.D. *Risking.* New York: Pocket Books, 1979.

Ziglar, Zig. *See You at the Top.* Gretna, LA.: Pelican Publications, 1974.

Acerca de Nosotras

Anaya, Rudolfo A. *Bless Me, Ultima.* California: Tonatiuh International Inc., 1972.

Galarza, Ernesto. *Barrio Boy.* Notre Dame, IN: University of Notre Dame Press, 1971.

Lewis, Oscar. *The Children of Sánchez.* New York: Random House, 1961.

Martinez, Al. *Rising Voices.* New York: Signet Books, 1974.

McWilliams, Carey. *North from Mexico.* New York: Greenwood Press, 1968.

Meier, Matt S., and Feliciano Rivera. *Dictionary of Mexican American History.* Westport, CT: Greenwood Press, 1981.

Mirandé, Alfredo, and Evangelina Enriquez. *La Chicana.* Chicago: University of Chicago Press, 1979.

Ortega, Phillip D. *We Are Chicanos.* New York: Pocket Books, 1973.

Padilla, Amado M. *Hispanic Journal of Behavioral Sciences,* Vol. 4, No. 2, 1982.

Peterson, Frederick. *Ancient Mexico.* New York: Capricorn Books, 1959.

Portilla-Leon, Miguel. *The Broken Spears.* Boston: Beacon Press, 1962.

Rendon, Armando B. *Chicano Manifesto.* New York: Macmillan, 1971.

Rodriguez, Richard. *Hunger of Memory: The Education of Richard Rodriguez.* New York: Bantam Windstone Books, 1982.

Simmen, Edward, ed. *Pain and Promise: The Chicano Today.* New York: Signet, 1972.

Simpson, Byrd Lesley. *Many Mexicos.* Berkeley: University of California Press, 1971.

Sowell, Thomas. *Ethnic America.* New York: Basic Books, 1981.

Steiner, Stan. *La Raza: The Mexican Americans.* New York: Harper & Row, 1969.

Vasquez, Richard. *Chicano.* New York: Avon Books, 1970.

Villarreal, Antonio Jose. *Pocho.* New York: Anchor Books, 1959.

Misceláneo

Andreason, Nancy C., M.D. *The Broken Brain.* New York: Harper & Row, 1984.

Campbell, Jeff. *Speed Cleaning.* New York: Dell Books, 1987.

Gandhi, Mohandas K. *Gandhi: An Autobiography.* Boston: Beacon Press, 1957.

Locke, Steven, M.D., and Douglas Colligan. *The Healer Within.* New York: Signet, 1986.

Mitchell, Margaret. *Gone with the Wind.* New York: Macmillan, 1936.

Stone, Irving. *The Passions of the Mind.* New York: Doubleday, 1979.

Stone, Jeff, Jane Meara, Maureen Kelly, and Richard Davis. *Growing Up Catholic.* New York: Doubleday, 1985.

————. *More Growing Up Catholic.* New York: Dolphin Books, 1986.

TALLERES, CONFERENCIAS Y
PRESENTACIONES DE LA AUTORA

Si has encontrado que "Chiquita's cocoon" te ha ayudado e informado y quisieras considerar tomar un seminario con Bettina—o invitarla como conferenciante, o si simplemente quieres compartir tus sentimientos sobre "Chiquita's cocoon" con ella—por favor, siéntete con confianza de escribirle a la siguiente dirección:

Bettina
P.O. Box 2037
Granite Bay, CA 95746-2037

O llámala al (916) 791-2237

Por favor indica si podemos usar tu carta en talleres, conferencias o en libros subsiguientes. Bettina hará todo lo posible por contestar tu carta.

Puedes obtener "Chiquita's cocoon" en español en tu librería local. Si no tienen la versión en español, puedes pedir que la ordenen; es un servicio gratis. Pide que tengan una cantidad . . . para la próxima Chiquita.

SOBRE LA AUTORA

BETTINA R. FLORES es un periodista por cuenta propria, educadora y oradora cuya obra ha aparecido en revistas y periódicos ingleses y españoles. Recibió la condecoración Autora Latina del Año 1991 para la edición de "Chiquita's cocoon" que al principio publicó por si misma y con frecuencia se refieren a ella como la Betty Friedan de las latinas. Bettina y su marido, que es abogado, viven en el norte de California, con sus cuatro hijos. Ahora Bettina está escribiendo un manual para acompañar a "Chiquita's cocoon."